돌직구
성교육

일러두기

· 본문에 등장하는 연령 정보는 만 나이 기준입니다.
· 국내 실정에 맞지 않는 일부 법령, 제도 등의 내용은 국내의 것으로
 수정하였습니다.

십대를 위한 교과서 밖의
성 이야기

돌직구
성교육

제인 폰다 지음

나선숙 옮김

아하!서울시립청소년성문화센터 감수

예문아카이브

십대에게 무엇보다 중요한 것은
변화하는 자기 자신과 그 과정을 이해하는 것이다.
자신과의 관계가 좋으면
남들과 좋은 관계를 맺는 것이 더 쉬워진다.

십대를 위한 솔직한 성 교육서

나는 지난 20여 년간 십대들의 성, 자존감, 대인관계 문제에 관심을 기울여 왔다. 이 일에 열정을 불태우는 이유는 내가 십대 소녀였을 때 이 모든 것이 매우 궁금하고 혼란스러웠음에도 딱히 물어볼 데가 없었던 경험 때문이다. 너무나 중요한 것임에도 아이와 어른이 터놓고 솔직하게 이야기하기 힘든 주제들도 있고, 제대로 알지 못할 경우 아이들의 몸과 마음에 나쁜 일들이 생길 수 있다는 것도 잘 알고 있다.

나는 1990년대에 '청소년 임신 예방 조지아 캠페인(지금은 '청소년의 힘과 잠재력을 키우는 조지아 캠페인'이라 불린다)'을 주도했고, 에모리 의과대학에 '청소년 성 건강 제인 폰다 센터'를 창설했다. 이 책은 그런 활동의 결실이며, 책 판매 수익은 모두 이 단체들로 전달된다.

이러한 활동 덕분에 사회·경제적으로 다양한 계층의 청소년들을 만날 수 있었다. 그러나 그 아이들 중에서 자신의 몸이 어떻게 작동하는지, 성에 대해서 누구에게 물어봐야 하는지, 임신을 했거나 다른 누군가를 임신시키지 않으려면 어떻게 해야 하는지, 에이즈나 다른 성 매개 감염증에 걸리지 않으려면 어떻게 해야 하는지 제대로 알고 있는 아이는 많지 않았다. 프로그램을 진행할 때마다 아이들은 몇 번이고 비슷한 질문을 했다. "어떤 게 진짜 사귀는 건가요?" "섹스하지 않겠다고 하면 인기가 떨어질까요?" "언제부터 성관계를 해도 될까요?"

우리 주위에는 이런 주제에 관한 잘못된 이야기들이 너무나 많이 떠돌아다니고 있으며 심지어 세를 불려 가며 청소년의 건강과 미래의 행복을 위태롭게 할 정도다.

그래서 청소년을 위해 정직한 성 교육서를 쓰기로 마음먹었다. 십대 시절을 살아가는 아이들과 부모, 교사와 그 외 십대의 성과 건강과 정체성과 인간관계에 대해 이야기해 줄 수 있는 모든 분에게 도움이 되는, 이해하기 쉽고 솔직한 책을 쓰고자 했다. 또 조지아 캠페인 프로그램에서 찾아낸, 오늘날 십대에게 꼭 필요한 정보들도 수록했다.

요즘 청소년이 우리 몸과 성과 인간관계에 대해 알아야 할 모든 것을 알지 못하는 가장 큰 이유는, '아직 나이도 어린 아이들한테 쓸데없는 이야기로 괜한 호기심만 자극하면 어쩌나' '자칫 문제라도 생기면 어쩌나' 하는 어른들의 걱정 때문이다. 이런 식으로 생각하면 부정적인 측면에만 초점이 맞춰질 수밖에 없다. 예를 들면 '성관계는 위험한 것이니까 피해야한다'는 식으로 말이다.

하지만 대부분의 전문가들은 성관계의 부정적인 측면에만 초점을 맞추고 사랑하는 사람과의 관계와 소통과 성관계가 얼마나 아름답고 짜릿한 것이 될 수 있는지에 대해 말하지 않는 것은 잘못이라고 이야기한다. 성에 대해 있는 그대로 이야기한다고 해서 성적 충동이 강해진다는 증거는 없다. 이 책은 성관계의 긍정적인 측면도 함께 다루고 있다. 사실 성이 얼마나 소중하고 아름다운 것이 될 수 있는지를 이해하면 불쾌해하면서 혹은 준비 없이 성적인 행동을 할 가능성이 오히려 줄어든다. 또한 신중히 생각해서 성관계를 하기로 결정했을 때 임신이나 감염을 대비해 예방책을 사용하게 될 가능성도 더 크다.

많은 학교에서 청소년의 신체 변화와 성에 대해 교육하고 거기에 더해서 신체 변화, 피임, 성 매개 감염증에 대한 정보를 제공한다. 이 책은 그뿐 아니라 청소년의 감정과 두려움, 우리가 몸담고 있는 문화, 진짜 사랑하는 사이라면 어떻게 해야 하는지 등에 대해서도 다루었다. 성관계를 할 것인지 말 것인지 또는 언제 할 것인지 결정할 때, 상대가 당신의 존재 가치와 소망과 욕구를 존중하는지 알아보려 할 때, 이 책이 길잡이 역할을 해 줄 것이다.

제인 폰다

십대의 성! 궁금한 것부터 찾아 읽기

익명으로 진행된 온라인 설문 조사에서 '성(性)에 대해 가장 궁금한 점'에 대해 중·고등학생이 보내온 질문 중 해당 내용에서 해결해 줄 수 있는 항목을 간추렸다.

성관계
- 성관계가 정확히 무엇을 뜻하는지 모르겠다 174, 182, 200
- 성병에 걸린 것 같다 183, 189, 243
- 실제 성관계 시간이 궁금하다 58
- 피임하는 방법이 궁금하다 187, 223
- 임신한 것 같다 234, 236, 240

성적 학대
- 성적 학대(성희롱, 성추행, 성폭행)를 당했거나 당하고 있다 253, 256, 265
- (스킨십, 성관계) 거절했는데도 상대방이 계속 요구한다 266, 269
- 내가 당한 것이 성추행인지 아닌지 판단이 안 된다 258, 265
- 성폭력 등의 나쁜 기억으로 괴롭다 255, 269
- 성매매에서 벗어나고 싶다 272, 274, 300, 306

친구관계
- 건전한 교제와 그렇지 않은 교제의 차이점이 궁금하다 190, 191, 193
- 제대로 사귀고 있는지 확신이 서지 않는다 190, 192
- 데이트할 때 주의해야 할 점을 알고 싶다 191, 263, 281

CONTENTS

PART 2 십대 몸 알기

03 남자 성기관이 하는 일 71

04 여자 성기관이 하는 일 90

PART 3 십대 성 배우기

PART 4 사회성 키우기

십대가
꼭 알아야 할
여덟 가지 성 개념

청소년기는 인생에서 아주 중요한 시기다. 앞으로 어떤 사람이 되느냐 하는 정체성이 발달하는 시기이고, 평생 이어 가게 될 성을 이해하고 표현하는 방법을 배우기 시작하는 시기이기 때문이다. 여기서 말하는 정체성은 가치관과 믿음, 좋아하는 것과 싫어하는 것, 다른 사람을 대하는 방식과 자기 자신을 대하는 방식 등을 모두 포함한다. 또 한편으로 청소년기는 다른 사람들이 원하는 것에 큰 의미를 두고 부담을 갖게 되는 시기다. 어떤 집단에서 인기를 얻기 위해서 혹은 근사해 보이기 위해서 실제 자신의 모습과는 다른 사람이 되고 싶은 유혹에 빠질 수도 있다는 말이다.

성에 대해서 이야기할 때 신체기관, 성 매개 감염증, 피임 같은 문제만을 다뤄서는 안 된다고 생각한다. 성은 개인의 정체성을 구성하는 커다란 일부분이고, 대인관계와 감정과도 연결되어 있다. 따라서 이 책에서는 청소년들의 대인관계와 감정에 대해서도 다루었다. 다른 사람들과의 관계를 이해하고 다루는 방식은 정체성 형성에 영향을 미칠 수밖에 없다. 대중매체와 문화 역시 개인의 정체성을 형성하는 데 영향을 줄 수 있기 때문에(이 영향력이 꼭 좋은 쪽이라고는 말할 수 없다) 그 부분도 포함하였다.

청소년기는 성인으로 가는 길목에 해당한다. 그 시기만의 기쁨과 도전이 있고, 그에 따른 변화무쌍한 삶의 무대가 펼쳐진다. 따라서 어른으로 성장해 가는 청소년 여러분의 신체적, 정신적, 정서적인 부분들 모두가 이 책의 내용이다.

다음은 청소년기에 꼭 알아야 할 여덟 가지 성 개념이다.

첫째, 청소년기는 내가 어떤 사람이며 어떤 사람이 되고 싶은지, 어떤 가치관을 주장하고 싶은지를 알아 나가야 하는 시기다. 스스로가 어떤 사람인지 알면 자신에게 맞는 선택을 할 수 있다.

둘째, 지금 여러분의 몸은 어른으로 성숙해 가는 중이다. 따라서 자신의 몸이 겪고 있는 변화를 알아야 한다. 이런 변화를 두려워할 필요는 없다. 누가 뭐라 하건 자신의 몸을 수치스러워하거나 죄스러워할 이유는 없다.

셋째, 임신과 감염의 위험을 줄이는 가장 좋은 방법은 몸과 마음이 준비될 때까지 성관계를 하지 않는 것이다. 당연히!

넷째, 성관계는 신중해야 한다. 친구들이 누구랑 몇 번 잤다고 자랑한다고 해서 조급한 마음으로 성관계를 시작해서는 안 된다는 뜻이다.

다섯째, 키스나 애무, 또는 다른 어떤 형태의 성행위에 대해서도 싫을 때는 "싫다"고 딱 잘라 말한다. 어떤 이유로든 마음이 내키지 않을 때는 싫다고 말한다. 여자든 남자든 성적인 접촉을 발전시키기 전에는 반드시 상대에게 허락을 구해야 한다.

여섯째, 성관계를 시작했다면 상대와 피임에 대해 의논해야 한다. 그리고 성관계를 할 때마다 피임 기구를 사용해야 한다.

일곱째, 서로 신뢰하고 솔직하게 이야기할 수 있는 사람과 성관계를 할 때 짜릿한 흥분과 즐거움을 느끼게 된다. 이러한 자신의 감정을 이야기하고 상대에게도 물어본다.

여덟째, 성폭행이나 희롱, 추행, 학대를 당했더라도 그것은 여러분의 잘못이 아니다. 만약 이런 일을 당했다면 주위의 믿을 만한 어른에게 알린다.

이 책을 처음부터 끝까지 차례대로 읽을 필요는 없다. 필요에 따라서 중간 중간 들춰 보거나 가장 궁금한 부분부터 읽어도 좋다. 부디 여러분이 이 책을 즐겁게 읽고 많은 것을 배울 수 있기를 바란다.

PART 1

나 자신 찾기

01

나와의
관계 형성

십대 청소년에게 가장 중요한 관계는 뭐니 뭐니 해도 자기 자신과의 관계다. 자신이 어떤 가치관을 가지고 있고 강점과 약점이 무엇인지 알 때, 즉 남들 눈치를 보거나 다른 누군가의 비위를 맞추기 위해서가 아니라 '나'라는 사람을 정확히 반영하는 행동을 할 때 자신과의 관계가 잘 형성되었다고 말할 수 있다. 그렇다고 다른 사람의 기분에 신경 쓰고 편안하게 맞춰 주려고 노력하는 것이 잘못이라는 말은 아니다. 하지만 그것이 여러분의 본모습을 저버린다거나 여러분의 믿음과 반대되는 일이라면, 자신에게 상처입히고 자신을 실망시키는 일이라면 이야기는 달라진다. 자기 자신과 관계가 좋으면 다른 사람들과도 더 좋은 관계를 맺을 수 있다. 가족과 친구들과의 관계에 대해서는 4부 '사회성 키우기'에서 다루었다.

지금 사춘기?

일반적으로 사춘기가 되면 자신을 독자적인 개인으로 인식하기 시작한다. 사춘기는 생물학적으로 청소년기 초반을 말하는데, 이 시기에 성과 생식에 관련된 시스템이 성숙한다. 사춘기가 남들보다 일찍 시작되는 사람도 있고 나중에 시작되는 사람도 있다. 간혹 고등학교 시절에 이르러서야 사춘기를 겪기도 한다. 남자들은 대체로 여자들보다 1~2년 늦다. 일반적으로는 11세에서 15세 사이지만 사람마다 각기 다른 시기에 각기 다른 방식으로 사춘기를 겪는다.

청소년기는 언제지?

우리가 흔히 말하는 청소년기는 13세에 시작해 19세나 20세 즈음에 끝난다. 청소년기에는 두뇌가 계속 발달하고 신체적으로 완전히 어른의 몸으로 바뀐다. 다만 독립 결정과 계획을 다루는 중요한 기관인 전두엽은 청소년기에 리모델링을 시작하지만 24~25세는 되어야 발달이 완성된다.

겉으로 드러나거나 드러나지 않는 신체적 변화들 이외에 성격, 사고방식, 느끼는 방식, 다른 사람들과 관계를 맺는 방식 역시 이 시기에 변하기 시작한다.

~~~~~~~~~~ 청소년기에 주로 하는 생각 ~~~~~~~~~~

새로운 관심사

이 시기의 청소년들은 자신이 남들에게 어떻게 보이는지에 대해 관심이 많다. 멋있어 보이는지 아니면 꺼벙해 보이는지, 옷차림이 촌스럽지는 않은지, 헤어스타일이 잘 어울리는지, 자신의 몸이 제대로 잘 자라고 있는지 아니면 너무 빠르게 변해 가는 것인지, 다른 사람들에게 인기가 있는지, 연애를 시작해야 할지 말아야 할지 등을 걱정하고 고민한다.

사고방식의 변화

사춘기 초기에 하는 생각들은 언젠가 일어날 수 있는 일이 아니라 그 순간에 일어나고 있는 일들에 관한 것인 경우가 많다. 이런 생각들을 '구체적인 사고(concrete thinking)'라고 부른다. 그러다 차츰 시간이 지나면서 자신의 미래와 같은 더 큰 문제들에 대해 생각한다. 자신의 입장을 밝히고, 가능성을 모색하고, 새로운 아이디어와 도덕적인 사안들을 고려한다. 이런 생각들을 '추상적인 사고(abstract thinking)'라고 부른다. 이 추상적인 사고는 정체성 발달과 긴밀하게 연결되어 있다.

'나'에 대한 생각

청소년기로 접어들면 그동안 주입받아 왔던 믿음과 가치관에 의문이 생긴다. 자신에 대해 생각하는 시간이 많아지고, 수년에 걸쳐 배우고 성장하면서 확실하다고 믿었던 것들이 어느 순간 변할 수도 있다는 것을 깨닫는다.

또한 정체성이 발달한다. 부모나 친구와는 별개로 자신이 어떤 사람인지 알아 가기 시작한다. 그러다 보니 반 친구들이나 선생님, 운동 코치 같은 다른 사람들이 자신을 어떻게 바라보는지에 쉽게 영향을 받는다.

따라서 다른 사람들이 바라는 것이 아닌 자신이 어떤 사람인지 찾아낼 수 있어야 한다. 자신이 친구나 가족과 다른 점은 무엇이고 같은 점은 무엇인지 생각해 보자. 그리고 그것들을 종이에 적어 보자. 종이에 일목요연하게 적어 놓으면 더 빠르고 구체적으로 분석할 수 있다. 또한 자신의 의견에 보다 더 확신을 가질 수 있다.

여러분은 어떤 사람인가? 또는 어떤 사람이 되고 싶은가? 혹시 이런 단어들이 떠오르는가? 친절하다, 배려심이 깊다, 관대하다, 정직하다, 다정하다, 재미있다, 똑똑하다? 이것은 앞으로 여러분이 '무얼' 하고 싶은지를 물은 것이 아니다. 어떤 사람이 '되고' 싶은지, 여러분의 '존재' 자체에 대해 물은 것이다. 여러분이 되고 싶은 사람에 대해 적어 놓고, 여러분의 행동이나 여러분이 선택한 친구들, 여러분이 하는 일들이 그런 사람이 되는 길에 잘 기여하고 있는지 생각해 본다.

나의 청소년기는?

자존감

청소년기의 정체성은 지금 확립되어 가는 중이고 자존감 역시 마찬가지다. '자존감'이 있다는 것은 자신에 대해 긍정적인 감정을 갖고 있다는 뜻이다. 이것은 다른 사람들이 여러분에 대해 어떻게 생각하는지와는 상관이 없다. 자존감은 안으로부터 우러나오는 것이다.

여러분은 무엇을 잘하는가? 운동, 공부, 음악, 사람들 웃기기, 조립, 요리, 글쓰기, 봉사 활동, 그림 그리기, 친구 사귀기 등등. 이미 잘하는 것들을 더욱 잘하도록 노력하자. 다른 사람이 뭐라 하건 자신에게 훌륭한 자질과 기술이 있다는 것을 알면 자존감은 더욱 높아질 것이다.

남에게 고약한 말을 해 대는 사람은 자신에게 문제가 있는 경우가 많다. 원래 착한 사람이 아닐 수도 있고 힘든 일이 있어서 그럴 수도 있다. 개중에는 스스로에게 못된 말을 퍼붓는 사람도 있다.

못되게 행동하는 사람이 여러분을 질투해서인지 아니면 그럴 만한 이유가 있어서 그러는 것인지 생각해 보자. 어쩌면 자신이 초라하고 못마땅해서 더 강해 보이려고 일부러 고약

하게 구는 것일 수도 있다. 이럴 때 우리가 할 수 있는 일은 자신이 갖고 있는 좋은 자질들을 생각하는 것이다. 긍정적으로 생각하자. 긍정적인 사고가 습관이 되면 자존감을 높여 주는 역할도 한다. 다른 사람이 여러분에게 말하거나 행동하는 것을 기반으로 스스로를 규정짓지 않도록 하자. 그 사람은 그 사람이고 나는 나다.

음악, 드라마, 그림, 로봇, 승마, 창작, 자원봉사 등에 열정적이고 적극적으로 참여하는 사람은 그렇지 않은 사람보다 대체로 자존감이 높다. 운동이나 체력 단련을 열심히 하는 사람도 열등감에 빠져 허우적대거나 위험한 행동에 빠져들 가능성이 적다.

대부분의 사람들이 '내가 과연 잘할 수 있을까'라고 불안해하며 자신의 능력을 의심하게 될 때가 있다. 청소년기에는 이러한 자기의심을 극복하고 자존감을 끌어올리는 법을 배워야 한다. 예를 들어 만날 때마다 기분을 바닥으로 끌어내리는 사람이 있다면 그 사람과의 만남을 피하려고 노력한다. 반면에 여러분의 기분을 좋게 해 주는 상황이나 사람이 있다면 그것을 더 자주 여러분의 인생으로 끌어들이도록 노력하는 것이다.

가끔 보면 자존감이 지나치게 높은 사람이 있다. 하지만 "내가 최고"라는 태도 이면에는 어쩌면 자신감이 별로 없는 의기소침한 다른 사람이 들어앉아 있을 수도 있다.

다른 사람의 말이나 행동에 휘둘리지 않도록 한다. 여러분에게 수치심을 느끼게 할 힘을 그 누구에게도 허락해서는 안된다. 여러분의 성별, 인종, 믿음, 몸매, 성적 취향, 경제적 지위, 종교에 상관없이 이 세상 누구도 여러분을 다른 사람보다 못한 존재로 느끼게 할 수는 없다. 그렇게 해서도 안 된다.

심한 감정기복

지금 여러분의 몸에서는 새로운 호르몬들이 만들어지고 있다. 여자에게는 에스트로겐이, 남자에게는 테스토스테론이 만들어지는데, 청소년의 기분을 이랬다저랬다 변덕스럽게 만드는 주범이 바로 이들 호르몬이다. 남자보다는 여자에게 더 영향력이 크다.

일주일 이상 슬프고 우울한 기분이 지속된다면 여러분의 말에 귀 기울여 줄 어른과 이야기를 나누어 본다. 여러분이 편안하게 마음을 털어놓을 수 있도록 토닥여 줄 부모나 보호자가 있다면 좋다. 부모나 보호자와 그런 관계를 맺고 있다면 더할 나위가 없다. 하지만 그런 대화를 먼저 시작하지 못하는 부모도 있다. 그럴 때는 여러분이 나서서 대화를 진행시켜야 하는 상황이 될 수도 있다.

부모에게 이야기하는 게 힘들다면 현명하고 다정하며 믿을 수 있는 다른 어른을 찾아본다. 친척, 선생님, 운동 코치, 친구 부모님, 종교 지도자 등 여러분이 좋아하고 여러분을 아껴 주는 사람이 주위에 있을 것이다. 누군가 여러분의 말에 귀 기울여 준다는 사실만으로도 기분이 한결 나아지기도 한다.

다양한 사건 사고

청소년기에는 지금까지 살아온 그 어느 때보다 더 많은 사건이 일어나고 심한 스트레스에 시달리기도 한다. 그럼 몸은 긴장되고, 불안하거나 초조한 느낌이 들 것이다. 지금은 여러분이 언제 스트레스를 받고 언제 짜증을 부리는지 알아차릴 수 있는 좋은 시기다. 뭔가 사건이 생겼을 때 스스로가 어떻게 행동하는지 잘 생각해 본다. 그럴 때 감정을 표출해서 성질을 부리거나 그냥 참고 넘어가기보다는 그런 상황들을 어떻게 풀어 가야 하는지 배우도록 노력한다.

〰〰〰 스트레스 다스리는 법 〰〰〰

유산소 운동

청소년기에 우울증은 여러 가지 형태로 찾아온다. 슬픔이나 절망을 느낄 수도 있고, 잠을 잘 못 자거나 집중을 못할 수도 있으며, 기운이 없거나 평소에 좋아하던 일에 관심이 가지 않을 수도 있다. 이유 없이 짜증이 나고 퉁명스러워지기도 한다. 가족 중에 우울증을 앓는 사람이 있다면 우울증에 걸릴 위험도는 더욱 높아진다.

이럴 때는 운동으로 울적한 마음을 다스려 본다. 달리기, 수영, 댄스, 자전거 타기 같은 유산소 운동을 하면 엔도르핀이라는 기분 좋은 화학물질이 우리 몸에서 생겨난다. 30분 이상 운동을 하면 실제로 기분이 좋아지는 것을 느낄 수 있다.

충분한 수면

수면 부족 때문에 스트레스가 생기는 경우도 많다. 청소년기에는 푹 자는 것이 정말 중요하다. 사실 초롱초롱한 정신 상태를 유지하려면 사춘기 이전보다 '더 많이' 자야 한다. 잠자는 것을 우선순위에서 밀어내서는 안 된다.

그렇다면 어떻게 하면 푹 잘 수 있을까?

잠자기 직전에 따끈한 우유 한 잔을 마시는 것이 도움이 된다. 우유에는 마음을 진정시키는 트립토판이라는 천연 아미노산이 들어 있다. 그리고 저녁에는 초콜릿이나 청량음료처럼 카페인이 들어 있는 것을 먹거나 마시지 않는 게 좋다. 잠자리에 들기 30분쯤 전에 긴장을 풀고, 차분한 음악을 듣고, 마음이 차분해질 만한 일들을 해보자. 심호흡은 몸과 마음의 긴장을 풀고 흥분을 가라앉히는 데 탁월한 방법이다. 자기 전에 신나게 떠들며 노는 게 재미있을 수는 있지만, 수면을 준비하는 데는 별 도움이 안 된다. 침대로 들어가기 30분이나 1시간 전에 전자제품을 다 끄는 것도 숙면에 도움이 된다. 이런 방법들을 쓸 때 필요하다면 부모님에게 도움을 요청하도록 하자.

02
다시 보는
주변 문화

문화가 우리에게 미치는 영향력은 매우 크다. 우리 자신에 대해 느끼는 방식에도 엄청난 힘을 행사할 수 있다. 따라서 자신이 어떤 문화에 둘러싸여 살고 있는지, 나에게 어떤 영향을 미치는지 알아야 한다.

문화란 한 사회의 가치관과 행동 양식, 이념 등이 결합된 것이다. 우리는 우리가 살고 있는 문화라는 렌즈를 통해 삶을 해석한다. 남자와 여자가 어떠해야 하는지, 어떻게 보여야 하는지, 어떻게 행동해야 하는지 등을 우리 자신과 우리 부모와 친구들에게 일러 주는 것이 바로 문화다.

텔레비전, 라디오, 영화, 음악, 신문, 잡지, 인터넷, 광고 같은 미디어 매체는 문화의 일부분이지만 우리에게 가장 큰 영향을 미칠 수 있고, 살면서 아마도 가장 많이 접할 것이다.

우리의 많은 의견과 생각은 이들 미디어의 영향을 받아서 생겨난 것이다. 각종 미디어들이 멋지고 근사한 것을 보여 주고 들려줄 때도 있지만, 그렇지 못할 때도 있다. 특히 성 역할에 대한 메시지 면에서, 여자와 남자가 어떠해야 하는지 미리 못 박아 버리는 측면도 있다.

많은 미디어 매체들은 사람과 조직이 만들어 내는 것이고, 그들의 주요 목적은 돈을 버는 것이다. 또한 그들이 미디어를 통해 퍼뜨리는 이념과 가치관은 때로 옳을 수도 있지만 그렇지 않을 수도 있다.

미디어가 여러분을 "휘어잡고" 마음대로 흔들어 대길 바라지는 않을 것이다. 미디어의 술수에 농락당하고 싶은 사람은 아무도 없다. 이제 여러분은 자신이 누구인지, 어떤 사람이 되고 싶은지, 미디어가 여러분에게 어떤 사람이 되라고 요구하는지 잘 생각해 보아야 한다.

주류 문화의 양면성

우리가 속해 있는 일반적인 문화를 "주류" 문화라고 부른다. 이 문화는 영구적인 것이 아니다. 10년 정도의 주기로 주류 문화가 달라지는데, 때로는 약간 변하고 때로는 그보다 훨씬 더 큰 변화를 겪는다.

예를 들어 미국의 1940년대, 50년대, 60년대 초반까지만 해도 텔레비전 광고와 인기 있는 텔레비전 프로그램에는 백인들만 등장했다. 백인들 중에서도 남자가 대부분이었다. 텔레비전 광고에서 들려오는 목소리는 모두 남자 목소리였으며, 심지어 여성용 제품을 광고할 때조차 남자가 홍보 멘트를 읽었다. 뉴스 앵커 역시 모두 백인 남자였다. 백인 남자와 남자의 목소리를 더 권위 있는 것으로 여겼고, 어디서든 남자 목소리밖에 들리지 않았다. 라디오나 영화, 텔레비전에 등장하는 여성 캐릭터들은 거의 집 밖 활동을 하지 않았다. 그들은 "여자의 할 일"을 했고, 그것은 그들이 전업주부라는 뜻이었다. 그것으로 끝이었다!

1950년대와 60년대 잡지나 텔레비전 광고의 남자 모델들은 모두 울퉁불퉁한 근육질이 아니었으며, 여자 모델들도 요즘처럼 빼빼 마르지 않았다. 이런 것들은 문화의 변화를 단적으로 보여 주는 몇 가지 예에 지나지 않는다.

문화적으로 아주 커다란 변화 하나는 신기술 덕분에 생겨났다. 요즘 청소년들은 전보다 훨씬 더 많은 미디어를 소비하고 있다. 텔레비전 채널들이 어마어마하게 늘어났고, 아이폰과 아이패드를 비롯한 새로운 기기들이 생겨나서, 미디어가 그 어느 때보다 많은 사람들에게 더 강력한 영향력을 미칠 수 있게 되었다.

성 정체성의 편견

청소년기로 접어들면 성 정체성이 발달하기 시작한다. 성 정체성은 남성이냐 여성이냐 하는 성별 구분과는 다르다. 남성과 여성이라는 성별 구분은 신체적으로 음경 또는 질을 갖고 있는지를 나타내는 생물학적 의미이다. 이에 비해 성 정체성은 자신이 여자나 남자인 것에 대해 어떻게 느끼는지, 여자나 남자로서 어떻게 행동해야 한다고 느끼는지에 관한 문제다. 개중에는 성 자체에 관심이 없는 중성적인 사람도 있는데, 이들은 어느 하나의 성에 어울리게 행동하지 않을 뿐 아니라 어떤 성적인 행동도 하지 않는 것이 가장 건강하다고 생각한다.

성적으로 남성 혹은 여성이라는 명확한 범주에 해당하지 않는 사람도 있다. 트랜스섹슈얼(trans-sexual, 성전환 수술을 원하는 성전환자), 트랜스젠더(transgender, 성전환 수술까지는 원하지 않는 성전환자. 종종 트랜스섹슈얼을 포함한 의미로 광범위하게 쓰이기도 한다)도 있고, 성 염색체에 의해 유전적으로 남성과 여성의 특징을 동시에 지닌 앤드로지너스(androgynous)도 있다. 또한 아직 자신의 성 정체성을 확신하지 못하는 사람도 있을 것이다. 안타깝게도, 우리의 주류 문화는 "소년"이나 "소녀"라는 범주에 들어맞지 않는 이들을 배척하거나 편파적으로 묘사함으로써 그들을 매우 힘들게 만들곤 한다.

여러분의 성 정체성이 어떻든 간에 사람은 누구나 비슷하다. 소녀든, 소년이든, 트랜스젠더든, 아직 자신의 성 정체성을 잘 모르는 사람이든, 앤드로지너스든, 남들이 자신을 좋아했으면 좋겠고, 친구를 많이 사귀고 싶을 것이다. 우린 많이 접해 보지 않은 것이나 충분히 경험해 보지 않은 것을 두려워한다. 다른 사람들에게 손가락질을 당하거나 따가운 눈총을 받게 되는 것도 겁이 난다. 때로는 기대에 부응하지 못할까봐 불안해지는 "수행 불안(performance anxiety)"을 겪기도 한다. 그런데 미디어에서는 주로 남자와 여자의 차이에 초점을 맞춘다. 생물학적으로 명백히 다른 남녀의 차이 이외에도 다른 여러 가지 면에서 남녀를 다르게 취급한다.

대부분의 여자아이들은 어렸을 때 자신의 외모나 인기에 대해 깊게 생각하지 않는다. 다른 아이들과 잘 어울리는 것에 대해서도 그리 심각하게 받아들이지 않는다. 그들은 그냥 자기 자신일 뿐이다.

그런데 사춘기로 접어들면서 신체 변화가 일어나고 '여자는 어때야 하는지'에 대해 더 강하게 인식한다. 그러다 많은 이들이 표현하는 것처럼, "진짜 자신을 잃어버리게 된다." 이런 일이 모든 여자아이들에게, 똑같은 나이에 일어나는 것은 아니다. 하지만 많은 여자아이들한테 일어나고, 스스로 그것을 인식하지 못하는 경우도 적지 않다. 이렇게 많은 여자아이들이 진짜 자신을 잃게 되는 데는 미디어의 영향이 크다.

그럼 미디어 문화는 어떻게 우리의 진짜 모습을 감추거나 배신하게 만드는가? 많은 이들이 문화가 제시하는 유형의 사람이 되기 위해 노력하다가 그런 일이 생겨 버린다.

따라서 나의 진짜 모습이 아닌 다른 누군가가 되기 위해서 시간을 낭비하지 않도록 해야 한다. 그리고 그렇게 하지 않으려면 어떻게 해야 하는지 고민해야 한다. 다시 말하지만 모든 여자아이들이 진짜 자신을 잃어버리는 것은 아니다. 항상 똑같은 시기에 그런 일이 일어나지도 않는다. 하지만 많은 아이들에게 그런 일이 일어난다는 점을 인식하고 있어야 한다.

문화가 여자아이들에게 보내는 메시지

여자아이들은 자신이 속한 문화로부터 다음과 같은 압박감을 느낀다.

- 섹시해야 한다.
- 다른 사람들과 사교성 있게 잘 어울려야 한다.
- 말을 많이 하면 안 된다.
- 다른 사람들의 기분을 맞춰 줄 줄 알아야 한다.
- 옷을 "잘" 입어야 한다. 혹은 브랜드 제품을 입어야 한다.
- "예쁘고" 아름다워 보여야 한다.
- 헤어스타일이 좋아야 한다.
- 적극적으로 나서기보다는 소극적인 편이 낫다.
- 정직하지는 않더라도 상냥해야 한다.
- "숙녀다워야" 한다.
- 자기보다 다른 사람을 더 생각해야 한다.
- 화가 나더라도 겉으로 드러내서는 안 된다.
- 너무 똑똑한 걸 드러내면 득 될 게 없다.

• 남자친구가 있어야 한다.

• 날씬해야 한다.

이 외에 또 생각나는 게 있는가? 여러분은 어떤 압박감을 느끼는가?

이런 압박감이 존재한다는 것을 보여 주는 실제 사례가 있다. 캐서린 스타이너-어데어라는 심리학자가 중학교 여자아이들을 대상으로 연구를 했다. 그녀는 가끔 중학교 여자아이들을 불러 피자를 사 주었다. 어떤 피자를 먹겠느냐고 물었을 때, 초등 5학년 여자아이들은 "페페로니 더블 치즈 피자를 먹겠다"는 식으로 자신이 원하는 바를 확실하게 말한 반면, 중학교 2학년 여자아이들은 "글쎄요"라고 답했고, 고등학교 1학년 여자아이들은 "선생님이 먹고 싶은 걸로 주문하세요"라고 대답했다(캐서린 스타이너-어데어와 리사 쇼스트롬, 《*Full of Ourselves: A Wellness Program to Advance Girl Power, Health, and Leadership*》).

이처럼 자신이 원하는 것을 감추고 진짜 모습을 숨기다 보면 자신감은 서서히 사라져 갈 것이다.

사춘기 소녀의 모습

난 청소년기에 스스로가 그다지 사랑스럽지 않은 아이라고 생각했다. 완벽하지 않으면 아무도 날 사랑해 주지 않을 것 같아서 매우 불행한 기분이 들었다. 그러다 식이장애가 생겼고 우울증도 겪었다. 시간이 좀 흐르고 나서야 나 자신에게 이렇게 물어보는 법을 배웠다. "네가 정말 원하는 게 뭐야? 사랑받고 싶은 거야, 아니면 사랑받는 사람처럼 보이고 싶은 거야?" 이 질문에 대한 답이 여러분의 삶에도 커다란 영향을 미칠 것이다.

누구나 많은 사람들이 좋아하는 인기인이 되고 싶고 친구들도 많이 사귀고 싶을 것이다. 하지만 이제 결정을 내려야 한다. 인기를 누리기 위해서 진정한 자신을 포기할 것인가, 아니면 인기 있는 아이가 되지는 못하더라도 자신의 진짜 모습을 발견할 것인가를 말이다. 여러분의 가치관이 진짜로 중요한 내면을 향해 있는지, 아니면 외적인 것에 지나치게 집중되어 있는 것은 아닌지 생각해 보아야 한다.

남자아이와 문화의 관계

여자아이들이 사춘기 때 진짜 자신의 "목소리"를 잃게 되는 경우가 많은 데 비해 남자아이들은 5~6세 또는 학교에 다니기 시작할 무렵부터 주류 문화가 보내는 메시지들에 시달린다. 그러다 차츰 자신의 감정과 연결되어 있는 고리를 잃어버리게 된다.

문화가 남자아이들에게 보내는 메시지

남자아이들은 "진짜" 남자가 되려면 어떠해야 하는지에 대해 부모, 선생님, 코치, 미디어로부터 다음과 같은 메시지들을 받는다.

- 계집애처럼 굴면 안 된다.
- 사나이는 남에게 눈물을 보이지 않는 법이다.
- 마마보이가 되어서는 안 된다.
- 자신의 감정을 드러내서는 안 된다.
- 다른 사람에게 도움을 청해서는 안 된다.
- 남자는 뭐니 뭐니 해도 터프해야 한다.

많은 사람들이 이런 메시지에 따라 행동하게 된다. 설령 그것이 자신의 진짜 모습과 다르더라도 말이다.

요즘 주류 문화가 남자아이들에게 보내는 메시지는 자신과 비슷하지 않은 다른 사람을 괴롭히는 게 남자답다는 것이다. 체격이 작거나, 운동을 못하거나, 특이해 보이거나, 꺼벙하거나, 연약하거나, 또 가난한 아이들도 아마 여기 포함될 것이다. 집단 괴롭힘에 가담하는 아이들은 자신의 남성성에 확신이 없어서 약한 아이들을 괴롭히고 폭력을 행사함으로써 그 불안감을 감추려 한다. 힘 있는 남자가 되려면 남을 괴롭혀야 한다고 착각하는 아이도 있다.

마음을 닫고 감정을 배제해야만 남자다운 거라고 생각하는 남자는 다른 누군가와 친밀한 관계를 맺기 어렵다. 서로 마음을 나누면서 가까워져야 건강하고 또 즐거운 관계로 이어질 수 있다. 그런 관계를 맺어야 어려움이 닥쳐도 극복해 낼 수 있으며 인생을 보다 즐길 수 있다.

남자다움에 대해 여러분이 받고 있는 메시지를 리스트로 만들어 보자. 용감해야 한다, 마초 같아야 한다, 터프해야 한다, 리더십이 있어야 한다, 주도적이어야 한다, 싸움이 났을 때 도망치면 안 된다, 울면 안 된다, 남한테 어려운 형편을 내색해서는 안 된다, 맹목적으로 그룹의 의견을 따라야 한다 등이 여기에 포함될 수 있을 것이다.

좋은 메시지도 있고 그렇지 못한 메시지도 있을 것이다. 그것들을 빠짐없이 종이에 적어 본다. 그런 다음 리스트를 쭉

훑어 내려가면서 그 각각의 메시지가 어디서 왔는지 생각해 보자. 인터넷이나 미디어에서 보고 들은 것인가? 아빠나 선생님, 코치, 친구들에게 들은 것인가? 여러분의 머릿속에서 부글거리는 생각들 중에 많은 것들이 밖에서 굴러 들어온 것이고, 그게 여러분에게 맞을 수도 있지만 그렇지 않을 수도 있다. 이것을 알아차리는 것이 중요하다. 자신의 안을 들여다보고, 자신이 좋은 사람이라는 것을 확인한다. 그런 다음에 자신이 지닌 좋은 자질들과 리스트에 있는 그리 좋지 않은 자질들의 차이를 생각해 보는 것이다.

감정을 관찰하는 연습

마이클 킴멜 박사는 주로 남자들을 위한 책을 쓰는데, 아이들이 남자다움에 대해 받아들이게 되는 문화적 메시지들을 어떻게 감당해야 하는지 예를 들어 설명한다.

"나는 내 아들 자크에게 이런 식으로 이야기한다. 폭풍우 치는 바다에 보트 한 척이 떠 있다고 상상해 봐라. 이 작은 보트는 자기보다 더 강한 힘에 밀려 이리저리 흔들리고 있다. 그 위험에서 벗어나야 한다. 그러려면 물살이 떠미는 대로 가만히 있어서는 안 되고 적극적으로 움직여야 한다. 운전대를 잡고 가고자 하는 곳으로 보트를 이끌어 안전한 항구로 들어

가야 한다."

위험에서 보트를 이끌어 가는 방법 중 하나는 '감정'에 대해 생각하는 것이다. 자신의 감정과 다른 사람의 감정에 대해 생각하는 연습을 하면 '공감'하는 능력이 향상될 수 있다(공감이란 다른 사람의 입장이 되어 다른 사람의 감정을 느끼는 것이다). 공감 능력을 높이기 위해서 다음 세 가지 방법을 활용해 보자.

첫째, 자신이 느끼는 감정을 솔직하게 표현해 본다. 슬프다, 긴장된다, 흥분된다, 행복하다 등등. 확실하게 규정지을 수 없는 애매한 감정도 있을 것이다. 왠지 울적하고 아쉽다거나, 행복하지도 그렇다고 슬프지도 않은 감정 말이다.

둘째, 다른 사람의 얼굴 표정이나 목소리 톤, 몸짓 등을 보면서 그가 지금 어떤 감정일지 판단해 본다.

셋째, 어떤 상황이나 사건이 어떠한 특정 감정을 일으키는지 생각해 본다. 예를 들어 여러분에게 소중한 누군가나 무언가를 잃어버렸을 때 슬픔을 느끼는가, 아니면 화가 나는가?

자신의 감정을 표현하는 법을 익혀 두면 지금 당장은 물론 나중에 나이 들어서도 도움이 될 것이다. 상처를 받았을 때 이겨 내고, 집이나 직장에서 다른 사람과의 관계에 문제가 생졌을 때 해결하고, 평생토록 친구, 배우자, 자녀와 강한 유대 관계를 유지할 수 있는 힘이 생길 것이다.

남성우월주의?

주류 문화가 우리에게 주입하는 또 하나의 메시지는 남자가 여자보다 우월하다는 것이다. 남자가 여자에게 손찌검할 때, 여자를 더 연약하거나 열등한 존재로 바라볼 때, 여자가 "싫다"고 말해도 그게 진심이 아니라며 성관계를 강행하려 할 때, 이런 문화의 영향력이 여실히 드러난다. 이러한 문화적 영향력 때문에 남자는 여자를 자기 마음대로 부릴 수 있는, 그리 똑똑하지 못하고, 언제나 상냥하고, 강하게 자기 의견을 말하지 못하는 수동적인 존재로 생각할 수 있다. 평상시에도 여자가 자기 마음에 있는 말을 드러내 놓고 하면 건방지다거나 못됐다는 욕을 먹는 데 반해 남자가 그렇게 말하면 단호하고 확실하다는 소리를 듣는다.

여자를 깔보고 무시하는 문화가 우리 사회의 큰 부분을 차지하고 있으며, 주위에서 그런 상황을 어렵지 않게 찾아볼 수 있다. 하지만 이런 문화는 궁극적으로 여자뿐 아니라 남자에게도 득이 되지 않는다. 여자에게 그런 태도를 보여도 아무 문제 없다고 생각하며 자란 남자들은 아내와 자녀들과 행복한 가정을 꾸리기가 쉽지 않을 뿐만 아니라 인간적이고 부드럽고 다정한 부분들이 마비되어 버릴 것이다.

여자가 남자보다 우월하지 않은 것처럼 남자도 여자보다 우월하지 않다. 여자와 남자가 어마어마하게 다르긴 하지만, 사람은 누구나 남자와 여자의 성질을 조금씩 지니고 있다. 이것이 정상이고 건강한 것이다.

다른 누군가를 무시하고 비인간적으로 대하는 주류 문화의 측면들을 인식하고, 거기에 휘둘리지 말아야 한다. 하지만 그렇게 하기란 쉽지 않다. 여자의 마음을 헤아릴 줄 아는 친절하고 감정 표현에 솔직한 남자아이들은 욕을 먹거나 놀림의 대상이 되곤 한다. 어쩌면 친하게 지내던 이성 친구들도 일부 떨어져 나갈 것이다. 친구들이 여자아이들을 무시하는 행동을 할 때 나서서 말리려고 하면 더 이상 무리에 끼워 주지 않을까 봐 두렵기도 할 것이다. 실제로 그런 일이 일어날 수도 있다. 하지만 지금 여러분은 자신의 정체성을 규명하고, 알아가기 시작하는 삶의 단계에 들어와 있다. 한 인간으로서, 한 남자로서 가치관을 확립해야 할 시간인 것이다. 여자아이들이나 다른 사람들을 인격적으로 존중하지 않는 아이들과 정말로 어울려 다니고 싶은지 곰곰이 생각해 본다.

남성성에 관한 잘못된 통념

운동선수, 의사, 교사, 배우, 정치인, 소방관 할 것 없이 점점 더 많은 남자들이 편협한 남성성을 주장하는 문화에 맞서 싸우고 있다. 각종 조직, 책, 다큐멘터리, 공공 정책, 아들을 키우는 방식 등을 통해서 여러 방법으로 남성성에 관한 잘못된 통념에 대해 목소리를 내고 있다.

그들은 이성 친구들이나 "남다른" 남자들 편에 서서 대변하고 존중해 줄 줄 아는 용감한 사람이 바로 "진짜 남자"라고 말한다.

여자들이 강하고 똑똑하며 타이어를 갈아 끼우고 물건을 고칠 수 있는 것처럼, 남자들도 강하고 똑똑하며 예민할 수 있다. 남자들도 축구보다 노래 가사나 시를 쓰거나 책 읽는 것을 더 좋아할 수 있다. 여자한테 같이 자자고 조르거나 강요하지 않고 오히려 좋은 친구가 될 수도 있다. 1대 1이건 1대 7이건 맞서 싸워야 한다는 의무감을 느끼는 대신에 깡패들을 피하기로 선택할 수 있다. 이 모든 일을 하면서도 여전히 남자다울 수 있다. 남자는 강하면서도 예민할 수 있으며, 용감하면서도 연약할 수 있다.

미디어에 등장하는 많은 것들이 성과 관련되어 있고, 성을 과장하여 비현실적으로 그리는 경우도 적지 않다. 이것이 성에 대한 청소년들의 태도에 어떤 영향을 미칠지 생각해 보아야 한다. 이성의 관심을 끌려면 항상 섹시해 보여야 하고 섹시하게 행동해야 할까? 남보다 더 섹시하고 성적으로 자유분방해야 다른 아이들과 잘 어울리는 인기녀 혹은 인기남이 될 수 있을까? 성관계가 삶에서 가장 중요한 부분인가? 성관계라는 게 결과에 연연하지 않고 그저 웃어넘길 수 있는 것인가? 미디어가 혹시 이런 생각들을 부추기고 있지는 않은가?

성관계는 아름다운 경험이 될 수 있다. 하지만 미디어가 그것을 왜곡하고 있다. 여러분에게 어느 특정 영화나 텔레비전 프로그램을 보게 하려고, 여러분이 더 섹시하고 인기 있는 사람이 될 수 있으리라 믿으며 뭔가를 사게 하려고, 잡지나 텔레비전이나 영화에서 본 누군가처럼 되고 싶게 하려고 성적인 부분을 심하게 과장하거나 확대하고 있다.

이런 미디어의 꾐에 넘어가서는 안 된다. 광고, 영화, 텔레비전 프로그램, 유튜브 영상에서 이런 종류의 메시지를 접할 때 한걸음 물러나서 생각해야 한다. 노래 가사를 듣거나 소셜

미디어에 올라온 글을 볼 때 한 번쯤 걸러서 생각해야 한다. 그것이 왜곡된 메시지일 가능성이 크기 때문이다. 그런 메시지에서는 대부분의 청소년이 연애와 성관계를 매우 가볍게 여기는 것처럼 보이지만, 사실은 그렇지가 않다. 왜곡된 미디어의 영향력에 휘둘리지 않도록 한다.

섹시와 정숙의 이중 잣대

여자들 역시 혼란스럽기는 마찬가지다. 여자에게만 적용되는 이중 잣대 때문이다. 미디어는 여자들에게 섹시해 보이도록 부추긴다. 그런데 사회적으로는 "정숙하고" "순결하고" "착한" 모습을 기대한다. 섹시해 보이는 건 좋지만 섹시한 행동을 하면 안 된다는 이야기인 모양이다. 이렇듯 여성에게 적용되는 이중적 메시지들은 여성들 스스로 주체적인 성 태도와 가치관을 지니기 어렵게 한다.

그래서 성적 욕망을 억누르거나 숨겨야 한다고 생각하는 여자들이 많다(9장 '성적 욕망과 성관계' 참조). 다시 말해 자신의 몸과 감정을 분리하는 것이다. 이러한 분리 혹은 단절 상태는 결코 건강하지 않다. 여자가 자신의 몸 안에서 일어나는 욕망을 느끼지 못하면 그저 다른 누군가가 즐거워한다는 이유로 성적인 행동에 응할 수 있기 때문이다. 자신의 느낌과 원하는 것을 확실히 알아야 분명하게 "싫다"고 말할 수 있으며, 이런 경우 "싫다"는 100퍼센트 진심이다. 싫으면서도 "싫다"라고 말하지 않는다면, "좋다"는 말도 역시 진심이 아닐 것이다.

포르노의 거짓 연출

흔히 "포르노"라 불리는 음란물도 미디어의 일부분이다. 음란물을 만드는 이들의 목적은 돈을 버는 것이고, 그것으로 1년에 수십억 달러씩 벌어들인다. 포르노를 둘러싸고 걱정스러운 시선이 많은데, 특히 문제가 되는 것은 그것이 성교육의 주요 자료로 사용될 때이다. 포르노를 보면서 섹시한 게 무엇인지, 섹시해 보이려면 어떻게 행동해야 하는지, 성관계를 할 때 어때야 하는지를 배우는 것은 위험하다. 남자아이들은 포르노 배우처럼 보이는 여자아이들한테만 반응을 보이고, 여자아이들은 남자아이들의 기분을 맞추려고 음란물에 나오는 괴상망측한 행위까지 다 받아 줘야 한다고 생각할 수 있다.

대부분의 포르노에서 묘사하는 성관계에는 배려와 신뢰가 없으며, 상대와의 친밀감도 없다. 성관계를 황홀하게 만들어 줄 수 있는 요소들이 빠져 있는 것이다. 육체적인 부분에만 집중하고 정서적, 정신적인 부분을 고려하지 않기 때문이다.

여러분이 혹시라도 포르노를 보게 된다면 그게 진짜가 아니라 만들어진 영상이라는 점을 기억해야 한다. 거기에는 대본이 있고 편집이 있다. 비인간적으로 연출된, 인위적으로 꾸며 낸 행동들이다. 그것과 실제 현실의 성관계를 혼동해서는 안 된다. 진짜로 사랑하는 사람과의 성관계는 그보다 훨씬 다정하고 친밀하며 만족스러울 것이다.

최근에는 상업적으로 제작된 포르노 영상이 아니라 일반인을 대상으로 몰래 촬영하거나 교제하는 중에 촬영한 영상을 무차별적으로 공개하는 경우가 많아졌다. 최초 유포자를 찾아 처벌할 수는 있지만, 디지털의 특성상 한 번 사진이나 영상이 공개되면 퍼지는 것을 쉽게 막을 수 없고 누군가가 소장한 파일들을 완전히 없애기도 거의 불가능하다. 때문에 상대에게 호감을 얻거나 망신을 줄 생각으로, 남들도 하니까, 혹은 별 생각이 없이 이를 공유하면 안 된다. 이런 영상에 대한 정보는 장 마지막의 전문가 칼럼과 '성희롱' '데이트 강간' '섹스팅' 항목에서 더 다룰 것이다.

따라서 미디어에서 선전하는 것들을 한 발짝 물러나서 바라보아야 한다. 좋은 부분과 좋지 못한 부분을 유심히 살펴야 한다. 그래야 우리 문화의 부정적인 부분에 미리 예방 주사를 맞듯 대비할 수 있을 것이다.

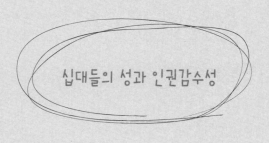

십대들의 성과 인권감수성

이미경(한국성폭력상담소 소장)

십대! '인생'이라는 도화지에 밑그림을 그리고 이제 막 색칠을 시작한 청소년들은 하고 싶은 일, 해야 할 일들이 참 많다. 몸도 마음도 폭풍 성장을 하는 이 시기에 안타깝게도 입시 준비로 대부분의 시간과 에너지를 소비하고 있는 현실이지만, 나름대로 자신의 삶을 기획하고 꿈을 향해 도전한다.

자신을 알아 가고, 사회와 더욱 폭넓게 관계를 맺기 시작하는 십대에게 성이란 필수적으로 고민해야 할 삶의 요소다. 십대에게 성과 사랑은 커다란 호기심이자 욕망이어서 혼자 누군가를 열렬히 짝사랑하기도 하고, 실제 연애관계에 들어가 가슴 뛰는 데이트를 즐기기도 한다. 외모에도 부쩍 신경을 쓰면서 수시로 다이어트를 하기도 한다. 때로는 아픈 이별을 경험하고, 아주 컴컴한 동굴 속을 혼자 헤매는 듯

한 외로움과 혼란, 고통에 직면하기를 거듭하며 성장해 간다.

그럼에도 우리 사회는 십대가 성적 존재라는 사실을 애써 외면하거나 억누르고 있다. 부모가 십대 자녀와 함께 성이 무엇이고 어떻게 바라볼지에 관한 이야기를 나누는 가정은 거의 없다. 성교육이 의무화된 학교에서는 아직도 몇백 명이 강당에 모여 자신들의 관심사와 동떨어진 재미없는 강의를 듣거나, 그마저도 다른 과목에 밀려 소홀히 진행되고 있다. 심지어 2015년 초 교육부가 발표한 '학교 성교육 표준안'에는 교사에게 '야동'이나 '자위'의 단어 언급을 금지하고 동성애 등 성소수자 이야기는 빠져 있어 논란이 되고 있다. 이에 '10대 문화 내팽개친 성교육'(《한겨레》, 2015. 9. 15)이란 글에서는 청소년들에게 자신을 성적 존재로 인정하고 상대방을 배려하며 존중하는 '마음'을 키우지 못하게 한다고 평가하기도 했다.

결국 십대는 공식적이고 체계적인 교육 과정을 통해서가 아니라, 인터넷이나 또래들에게 성을 배워 간다. 이렇듯 음성적인 성문화 속에서 형성된 왜곡된 성 인식은 소셜 네트워크 서비스(SNS) 등을 통해 개인의 사생활 등이 걷잡을 수 없이 퍼져 나가 인권을 침해하는 현상과도 매우 밀접하게 연관되어 있다. 한국형사정책연구원(2010)이 중·고등학생 1,840명을 대상으로 조사 연구한 결과에 의하면 조사 대상자의 20퍼센트가 휴대전화를 이용하여 야한 문자나 이메일 전송, 자신이나 친구의 다리, 속옷, 탈의 장면 등을 찍어서 전송하는 등 섹스팅의 경험이 있다고 한다. 섹스팅을 하는 이유는 친구들 사이에서 주목받을 수 있고 재미있으며 호기심 때문이라고 했다. 또한 섹스팅이 섹시하고 멋있고 쿨해 보이며 용감해 보인다고 답했다. 안타깝게도 이후 벌어질 수 있는 엄청난 피해는 미처 고려하지 못한 것이다.

실제 인터넷 장터 같은 곳에서 물건 값을 흥정하느라 자발적으로 벗은 몸 사진을 보내거나, 온라인 채팅이나 채팅 앱, 게임 등으로 만난 얼굴 모르는 사람과 연애를 하던 중 몸캠 영상을 보내는 경우도 있다. 중·고등학생들만이 아니라 초등학생도 예외가 아니다. 대부분 장난삼아 보낸 한 장의 사진이 발단이 되어 더 야한 포즈의 사진이나 동영상을 요구받는다. 특히 데이트를 하는 친밀한 사이에서는 특별한 신뢰를 바탕으로 서로 벗은 모습을 찍거나 동영상을 촬영해 공유하기도 한다.

아하!서울시립청소년성문화센터가 진행한 '2013년 청소년 성문화 연구 조사'에서도 연애를 하면서 '커플 앱을 사용해 봤다'가 36.6퍼센트, '스킨십 장면을 사진으로 찍은 적이 있다'가 13.0퍼센트, '성적인 내용의 문자(채팅)를 주고받았다'가 10.4퍼센트로 드러났다.

문제는 헤어지려고 할 때 어느 한쪽이 이를 빌미로 연애관계의 지속을 요구하면서 협박하는 수단으로 악용한다는 점이다. 나아가 자신도 모르는 사이에 상대방에 의해 SNS상에 올려져 큰 고통을 겪기도 한다.

최근에는 모르는 사람이 스마트폰을 통해 영상 통화를 하자며 본인의 프로필 파일을 보내 오기도 한다. 호기심에 파일을 열어 채팅에 응했을 경우 화상 채팅 화면을 캡처해서 이를 미끼로 돈을 요구하고, 응하지 않으면 휴대전화에 저장된 파일을 가족이나 친구들에게 전송하겠다고 협박을 하는 등 신종 사기 수법도 나오고 있다.

이처럼 안전하지 못한 사회적 환경에서 성장해 가고 있는 십대들의 일상에 든든한 뿌리로 자리 잡아야 할 많은 것들이 있겠지만 그중에서도 두 가지를 당부하고 싶다.

첫째, '천하만큼 소중한 나 자신'에 대한 자존감을 지키자.

내가 미치도록 좋아하는 사람이 나를 거들떠보지 않거나 나만 좋아하고 사랑한다던 상대가 어느 날부터 나를 슬슬 피하더라도, 그리고 미처 준비되지 않은 성관계를 했다고 하더라도 자신을 너무 자책하지 말자. 이 과정은 인간이 성장하면서 누구나 겪는 자연스러운 것임을 기억하자. 설령 성폭력 피해를 입거나 원치 않는 임신을 했다 하더라도 결코 자신을 포기하거나 놓아 버려서는 안 된다. 주변에 나의 어려움과 고통을 함께해 줄 친구나 선생님, 부모님, 나아가 시민사회 단체들에게 도움을 요청하고 지원을 받도록 하자.

둘째, '남을 배려하고 존중하는 인권 감수성'을 키우자.

자신의 욕망에 귀 기울이면서도 자기만의 입장과 경험에만 매몰되지 않고 다른 사람을 이해하고 존중하며 관계를 맺어 가는 것은 학생으로서, 사회인으로서 요구되는 기본적인 태도다. 인권 감수성은 자신이 하고 싶은 것, 믿고 있는 신념을 때로는 내려놓고 조금 불편하더라도 상대의 이야기를 경청하고 조화를 이루어 가면서 자신을 변화시키는 과정이다. 특히 아무리 좋아하는 사람일지라도 원치 않는데 키스나 성관계를 요구하는 것은 데이트 성폭력임을 받아들이자.

이외에도 알게 모르게 내 생각과 행동 속에 자리 잡은 '남성다움'이나 '여성다움'에 대한 잘못된 고정관념을 낯설게 보는 연습을 하자. 여기서부터 출발해서 서로 존중하고 배려하는 태도를 키워 가는 것은 결국 나를 내 삶의 진정한 주인공으로 자리 잡게 하는 일이다.

청소년 성·성문화 상담 기관 연락처

아하!서울시립청소년성문화센터

02-2677-9220 www.ahacenter.kr

성교육 및 성상담, 성문화 활동(캠프, 동아리, 캠페인 등)을 제공하고 있다. 청소년 대상으로 사이버 상담, 면접 상담, 전화 상담, 집단 상담을 제공하고 있다.

푸른아우성

02-332-9978 www.aoosung.com

성교육 및 성 상담을 제공하고 있다. 상담 게시판도 함께 운영한다.

한국청소년성문화센터협의회

02-3144-1223 http://wesay.or.kr

청소년성문화센터는 전국 50여 곳에서 운영되고 있다. 한국청소년성문화센터협의회 홈페이지에서 제공하는 기관소개 페이지에서 자신이 사는 지역의 성문화센터를 찾아볼 수 있다.

유쾌한섹슈얼리티인권센터

www.sexuality.or.kr

주위에서 잘 다뤄지지 않는 섹슈얼리티 이슈를 토론하고 자료를 제공한다. 익명으로도 상담이 가능한 상담 게시판을 운영하고 있다.

청소년전화 1388

일반전화는 국번없이 **1388**, 휴대전화는 **지역번호+1388**로 걸면 상담을 받을 수 있다.

http://1388.kyci.or.kr/kyci/howto.asp

청소년을 대상으로 전화상담, 면접상담, 실시간 채팅 상담이 모두 가능한 곳으로, 24시간 상담이 가능하다. 상담료는 없으며 상담한 내용 또한 비밀보장을 원칙으로 한다.

불법 음란물을 공유하면 어떻게 될까?

갑자기 음란물 배포 혐의로 경찰서에 출두하라는 연락을 받고 부모님 몰래 전전긍긍하는 십대들이 있다. 음란물 사범 처벌 기준이 강화되어 청소년이라도 불법 음란물을 배포하면 처벌 대상이다. 음란물뿐 아니라 저작권이 있는 모든 파일 공유가 불법이다. 특히 19세 미만의 아동·청소년이 나오는 음란물을 소지하거나 배포하는 것은 〈아동·청소년 성 보호에 관한 법률〉에 따라 더욱 엄하게 처벌받는다.

업로드할 경우

웹하드, P2P를 이용하여 불법 음란물을 업로드하면 음란물 단속법으로 처벌받는다. 특히 토렌트 등의 P2P 방식은 다운만 받아도 그 사이에 자신도 모르게 업로드되어 처벌받을 수 있다. P2P는 실수로 업로드한 사례가 많지만 웹하드의 경우는 고의성이 있다 판단하여 엄히 처벌받는다.

다운로드만 할 경우

웹하드나 P2P를 이용하여 음란물을 다운로드할 경우 P2P는 다운과 동시에 업로드가 진행되어 처벌받을 가능성이 높다. 특히 아동·청소년 음란물을 다운로드했다면 가지고만 있어도 〈아동·청소년 성 보호에 관한 법률〉에 의해 소지죄로 처벌받는다. 웹하드로 다운로드한 경우는 P2P보다는 처벌 확률이 낮으나 그렇다고 처벌받지 않는 것은 아니다.

스트리밍만 할 경우

스트리밍(streaming)은 정보를 다운로드하는 동시에 재생하는 것을 말한다. 단속을 자주 하지는 않지만 적발 시 처벌받을 수 있다.

이렇듯 불법 음란물을 공유하면 법적으로 제재를 당할 뿐 아니라, 이로 인해 일상생활에 지장을 받기도 한다. 그리고 이런 음란물들을 접할수록 성에 대한 가치관도 비틀리기 쉽다는 것은 두말하면 잔소리다.

PART 2

십대 몸 알기

03
남자 성기관이
하는 일

고등학생들 중에 자신의 몸과 성기관에 대해 정확히 아는 아이들이 얼마나 될까? 자기 몸의 명칭을 정확히 알고 사용하는 것은 중요하다. 적절한 명칭으로 불러야 그것을 존중하고 귀하게 여길 뿐 아니라 자신의 것으로 온전히 인정하고 소유할 수 있기 때문이다. 또한 자신의 성생활을 보호하고 소중하게 여기겠다는 마음도 여기서부터 출발한다. 스스로 귀하게 여기지 않는 것이라면 아무렇게나, 쉽게 생각할 수도 있지 않겠는가. 만약, 성기관에 대해 잘 알고 있다면 이 내용을 건너뛰고 다음으로 넘어가도 좋다.

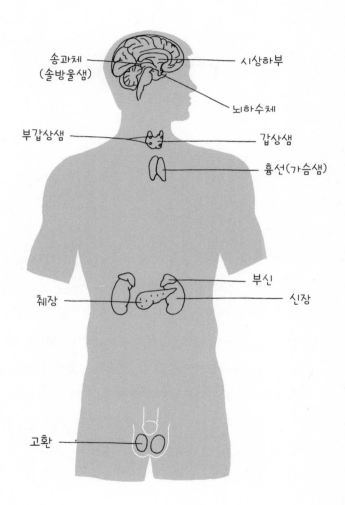

남성의 내분비계

송과체
(솔방울샘)

시상하부

뇌하수체

부갑상샘

갑상샘

흉선(가슴샘)

부신

췌장

신장

고환

남성 호르몬

사춘기(신체적·감정적 변화와 성장의 시기)는 우리 몸에서 만들어 내는 호르몬의 변화 때문에 생겨난다. 호르몬은 화학적인 신호 전달 물질로 내분비계의 일부인 여러 분비샘들이 만들어 내는데, 각각의 분비샘은 화학물질과 호르몬을 생성하는 세포들의 집단이다.

각각의 분비샘들에서 만들어진 호르몬은 혈액을 타고 각기 다른 목적지로 이동하여 우리 신체가 무슨 일을 해야 할지 일러 준다. 내분비계는 필요할 때 특정 호르몬을 더 많거나 적게 분비함으로써 서로 다른 신체 기능들이 원활하게 작동하도록 돕는다.

우리 몸에서는 여러 종류의 호르몬이 분비된다. 그중에서 가장 중요한 두 가지 성 호르몬은 테스토스테론과 에스트로겐인데, 남성과 여성 모두에게서 생성되지만 사춘기 때부터 여자아이에게는 에스트로겐이, 남자아이에게는 테스토스테론이 더 많이 만들어진다. 테스토스테론은 남자의 고환에서 만들어진다.

사춘기가 되면 새로운 호르몬들이 분비되면서 음경과 고환과
음낭이 성숙한다.

호르몬이 분비되면 음낭은 더 쭈글쭈글해지고 밑으로 처
지며 색깔도 변한다. 피부색이 진한 남자들은 음낭의 색도 더
진해지고, 백인은 불그스름해진다.

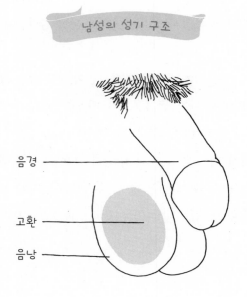

남성의 성기 구조

음경

고환

음낭

음경

남자의 성기관인 음경(페니스)은 고환 위쪽으로 늘어져 있으며, 부드러운 피부 안에 혈관과 신경이 가득 들어 있는 해면 조직이다(음경에는 뼈가 없다!). 음경은 두 부분으로 나뉘는데, 길쭉한 자루 부분과 자루 끝 쪽의 귀두라 부르는 부분이다. 귀두 끝부분에 요도가 있어서, 요도를 통해 소변이 몸 밖으로 빠져나온다.

또, 사정을 하면 하얗고 끈적끈적한 정액이 요도 밖으로 나오면서 정자(남성의 생식 세포)를 운반한다. 정액은 발기한 음경에서 나오는 흰색 액체로, 염색체를 품고 있는 3억~5억 개의 정자가 들어 있다. 성관계를 통해 이들 정자가 여자의 난자와 결합하면 임신이 가능하다. 소변과 정액은 동시에 배출되지는 않는다. 음경에서 정액이 나올 때는 방광과의 접속이 차단되기 때문이다.

음경은 사람마다 다르게 생겼다.

- 음경은 길이, 굵기, 모양, 피부색까지 사람마다 모두 다르다. 음경을 둘러싼 이 피부는 몸의 다른 부위보다 조금 더 어두운 색이다.
- 음경 끝부분이 음낭 위쪽이나 아래쪽, 왼쪽이나 오른쪽에

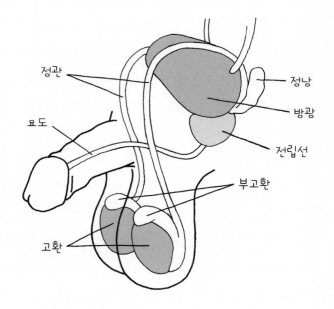

정관

정낭

방광

요도

전립선

부고환

고환

걸릴 수 있다.

- 발기는 음경에 피가 쏠려 꼿꼿해지는 현상을 말한다. 발기
  한 상태의 음경의 위치, 각도, 구부러진 방향이 다를 수 있
  고, 모두 자연스러운 형태이다.

포피

남자들은 누구나 포피를 갖고 태어난다. 포피는 귀두를 감싸고 있는 느슨한 피부인데, 어느 문화권에서는 태어나자마자 '할례'라는 절차를 통해 포피를 제거하기도 한다. 음경이 발기하면 포피가 뒤로 잡아당겨져 귀두가 드러나게 된다. 할례나 포경수술을 하지 않아도 매일 포피를 잡아당겨 귀두 사이와 안쪽 부분을 잘 씻으면 된다.

포피 안쪽은 미세한 분비선으로 이루어져 있고 이 분비선을 통해 걸쭉한 크림 형태의 액이 분비된다. 이 액은 포피가 안팎으로 밀릴 때 마찰을 피할 수 있도록 돕는다. 귀두와 음경이 연결되는 부분 아래쪽에는 흰색 물질의 피지가 낀다. 이 피지를 그대로 두면 고약한 냄새가 날 수 있다. 귀두와 포피 안쪽은 매우 예민해서 알칼리성 비누를 사용하기 보다는 미지근한 온도의 물로 깨끗이 씻어 내도록 한다.

포경수술

이슬람교와 유대교를 비롯한 몇몇 문화권에서는 할례라는 관습으로 남자아이들의 포피를 제거한다. 사춘기 때 통과의례처럼 포경수술을 받게 하는 문화권도 있다(미국은 여기에 해당하지 않는다). 오늘날 갓 태어난 사내아이에게 할례를 할 때는

포경수술한 음경

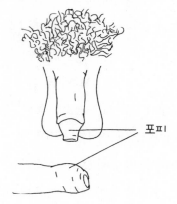

포경수술하지 않은 음경

포피

의사나 훈련받은 종교인이 그 과정을 담당하고 있다. 미국은 갓 태어난 사내아이의 절반 정도가 포경수술을 받지만, 전 세계 대부분의 남자들은 이 과정을 거치지 않는다.

포경수술을 하는 게 건강상으로나 위생상으로 좋다고 생각하는 사람들도 있고, 갓난아이에게 굳이 칼을 댈 이유가 없다고 생각하는 사람들도 있다. 의사들은 몇 년 전까지만 해도 포경수술이 몇몇 질병을 예방하거나 치료할 수 있다고 믿었기 때문에 갓 태어난 사내아이들에게 포경수술을 추천했다.

포경수술을 하든 안 하든 상관없다. 성적 쾌감에는 그다지 영향을 주지 않기 때문이다. 하지만 십대 청소년에게 포경수술을 받게 하는 것은 권장하지 않는 추세다. 고통이 심할 뿐 아니라 자칫 잘못하면 감각을 잃게 될 수도 있기 때문이다. 단, 포피가 귀두 뒤로 젖혀지지 않을 때는 수술해야 한다.

음낭

음낭은 음경 바로 뒤 양쪽에 쭈글쭈글하게 늘어져 있는 주머니 모양의 기관이다. 이 주머니 안쪽은 두 개로 나뉘어 있고, 각각의 주머니에 고환이 하나씩 들어 있다. 대부분 음낭과 고환을 하나로 묶어서 그냥 "고환"이라고 부른다.

성인 남자의 경우 보통 왼쪽 고환이 더 낮게 달려 있고 오른쪽 고환이 더 크다. 덕분에 걷거나 달릴 때 고환이 서로 부딪치지 않을 수 있다.

고환

음낭 안에 있는 고환은 포도알 모양으로 손으로 만지면 약간 딱딱한 느낌이다. 이리저리 굴릴 수도 있다. 고환은 여러 개의 격막으로 나뉘어 있는데, 그 안에 작은 관들이 있고 모두 서로 얽혀 있다. 여기에서 테스토스테론 호르몬이 만들어진다.

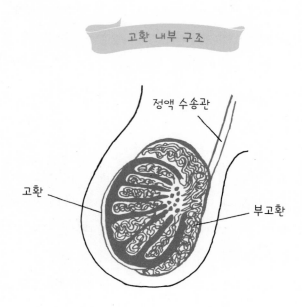

고환 내부 구조

정액 수송관

고환

부고환

테스토스테론은 정자를 만들 뿐 아니라 털, 수염이나 목소리 변화, 근육 발달 같은 사춘기의 신체적 변화들을 일으키는 작용을 한다.

고환 안에 있는 정자는 열에 민감해서 체온보다 몇 도 더 낮게 스스로 유지한다. 그렇게 하지 않으면 정자는 죽게 된다. 그래서 고환이 너무 뜨겁다 싶으면 음낭이 열을 식히려고 몸에서 더 멀리 밑으로 늘어지고, 반대로 고환이 너무 차갑다 싶으면 음낭 근육들이 몸 쪽으로 바짝 달라붙는다. 남자들이 차가운 물에서 수영할 때 음낭이 수축되는 것을 느끼는 이유도 여기에 있다.

다음과 같은 경우에도 음낭이 팽팽해진다.

- 발기 상태일 때
- 두려움이나 긴장을 느낄 때, 날씨가 추울 때 등. 고환은 매우 중요한 신체기관인데도 그걸 보호해 줄 만한 게 주위에 없다. 그래서 더 안전해지려고 몸 쪽으로 바짝 붙는 것이다.

음경의 크기와 그 외의 문제들에 대해서는 6장 '사춘기 남자 몸 관리'에서 다룰 것이다.

항문

항문은 내장 운동의 결과물(대변)을 몸 밖으로 내보내는 직장과 이어진 조그만 입구다. 여자의 몸 아랫부분에는 몸속에 있는 것을 밖으로 내보내는 입구가 총 3개 있지만(요도, 질, 항문), 남자의 몸에는 음경 끝에 달려 있는 요도와 항문 두 개의 입구만 있다.

─────── 사정 ───────

사춘기가 되면 정자가 만들어진다. 정낭에서 분비되는 액체들과 정자가 섞여 여러 영양소가 포함된 흰 액체, 즉 정액이 만들어진다. 성적으로 흥분하고 사정할 준비가 되면 전립선이 고환에서 만들어진 정자를 내보내려고 빠른 수축 활동을 시작한다. 전립선은 배뇨 시 소변을 배출하기 위해 근육처럼 움직이는 남자의 신체기관으로 사정을 준비할 때 고환에서 만들어진 정자가 정낭을 통해 나갈 수 있도록 돕는다.

정액은 흰색에서 투명한 색까지 다양하고, 걸쭉할 수도 묽을 수도 있다. 정액이 근육들의 도움을 받아 비어 있는 요도관을 통해 음경으로 배출될 때 이것을 사정이라고 한다. 한번 사정할 때 티스푼 하나 정도의 액체가 나오고, 사정 속도

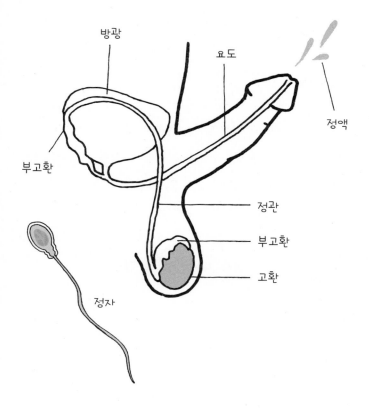

방광

요도

정액

부고환

정관

부고환

고환

정자

는 뚝뚝 떨어지는 상태부터 빠르게 분사되는 상태까지 다양
하다. 이 모든 것이 자연스러운 형태이다. 어떤 식으로 배출
되건 정액에는 3억~5억 개의 정자가 들어 있고, 그중 하나가

난자를 만나 임신에 이르게 된다.

사정을 하면 발기 상태가 끝나지만, 발기됐다고 해서 꼭 사정을 하는 것은 아니다. 대부분의 남자들은 자위행위(음경을 문지르거나 어루만져서 딱딱하게 만든다)나 몽정을 통해서 처음으로 사정을 경험한다. 자위에 대해서는 9장 '성적 욕망과 성관계'에서 더 자세히 설명할 것이다.

사정하기 전 음경에서 나오는 투명한 액체를 쿠퍼액이라고 한다. 쿠퍼액 자체에는 정자가 없지만, 사정한 지 얼마 되지 않았을 때는 정자가 소량 들어 있을 수도 있다. 따라서 성관계할 때 쿠퍼액으로 임신이 될 가능성도 있다.

남자의 성관계와 수정

남녀가 성관계를 하면 임신, 즉 아기가 생길 수 있다. 아기를 낳을 계획이 아니더라도, 성관계는 두 사람이 서로 흥분과 즐거움을 느끼는 애정 행위다.

성관계가 수정으로 이어지는 과정은 다음과 같다. 발기한 남자의 음경이 여자의 질로 들어간다. 이때 여자가 흥분하고 준비가 되었다면 애액이 흘러나와 음경과 더 쉽게 결합할 수 있다. 음경이 질 안팎으로 움직이는 사랑을 나눈 후에, 남자가

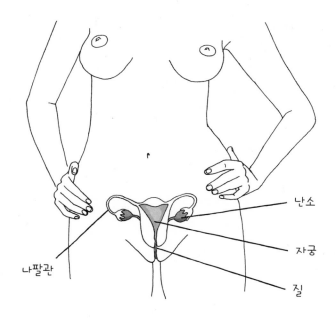

난소

자궁

질

나팔관

사정을 한다. 그러면 수백만 개의 정자가 질을 통해 자궁으로 헤엄쳐 간다. 그 수백만 개의 정자 중 하나라도 난자와 만나면 수정과 착상을 통해 아기가 만들어질 준비를 한다.

여자는 평생 동안 쓸 난자를 모두 가지고 태어난다. 어른이 되면 주기적으로 난자 하나가 난소를 떠나 나팔관으로 들

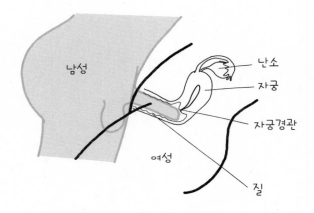

남녀의 성관계 방식

난소
자궁
남성
자궁경관
여성
질

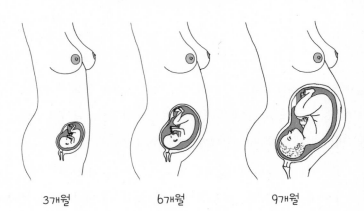

임신 개월 수별 변화

3개월　　　　6개월　　　　9개월

어간다. 이 과정을 '배란'이라고 부른다. 미세 털 세포(섬모)들이 성숙한 난자를 나팔관으로 옮겨 자궁으로 들여보낸다. 정자가 자궁에 도착하고 난소를 떠난 지 24시간이 안 된 난자를 만나 수정이 이루어진다. 난자가 자궁에 자리 잡아 착상하면 태아가 자라기 시작한다. 다시 말하면 임신이다.

난자가 수정되지 않으면 주기적으로 자궁내막이 허물어져 혈액과 함께 몸 밖으로 흘러 나온다. 이것을 "월경" 또는 "생리"라고 부른다. 월경은 여성이 사춘기에 접어든 후부터 시작해 평균 45세에서 51세까지 계속된다. 월경이 중단되면, 더 이상 배란도 되지 않는 것이다.

～～～～～ **남자아이가 병원에 가야 할 경우** ～～～～～

다음과 같은 문제가 생기면 부모님과 함께 병원에 가 보도록 한다.

• 8세나 9세에 벌써 사춘기가 시작되었거나 14세나 15세가 됐는데도 여드름, 급성장, 음모, 체취 같은 호르몬으로 인한 변화가 나타나지 않을 경우
• 포피(포경수술하지 않은 경우 음경 끝을 감싸고 있는 피부)를 충

분히 잡아당길 수 없고, 잡아당길 때 아프거나 불편함이 느껴질 경우

- 고환을 다쳤을 경우. 1시간쯤 기다려도 여전히 통증이 계속되거나 부풀어 오르거나 멍이 들었다면 병원에 간다.

- 성기 부위가 빨개지거나(아프건 아프지 않건), 통증이 있거나, 물집이나 발진이나 무사마귀 같은 것이 생겼을 경우, 그리고 이런 증상이 하루나 이틀 내에 없어지지 않을 경우

- 피부가 벗겨지고 가려움증이 동반된 발진이 생겼을 경우. 우선 곰팡이류를 예방하거나 치료할 수 있는 항 진균 연고를 바른다. 그래도 없어지지 않으면 병원에 가야 한다.

- 성기나 복부 아래쪽 어딘가에 통증이 느껴질 경우. 고환에 갑자기 심한 통증이 느껴지고, 특히 소변에 피가 섞여 나오거나 메스꺼움이 느껴지면 응급 상황일 수 있으니 한시라도 빨리 병원에 간다.

- 성적으로 자극받지 않았는데도 4시간 이상 고통스러운 발기가 계속될 경우. 이것은 지속 발기증으로 역시 응급 상황이다.

- 성기에 혹 같은 게 만져질 경우

- 음경에서 이상한 분비물이 나올 경우

- 소변에 변화가 나타날 경우

- 소변 볼 때 화끈거리거나 통증이 느껴지거나 화장실에 자
  주 가야 할 경우
- 포피 안쪽에서 악취가 날 경우
- 면도한 후나 면도날에 베인 후에 얼굴이 계속 붉은 상태일
  경우, 또는 피부에 박힌 체모가 감염되어 염증이 생긴 경우
- 자신의 몸에 대해 신경 쓰이는 의문이나 걱정거리가 사라
  지지 않을 경우

위의 문제들로 병원에 가면 의사는 매번 여러분의 고환을 살펴볼 것이다. 민망해하지 마라! 의사에게는 늘 하는 일이고, 설령 그 순간에 발기가 된다고 해도 그런 상황을 자주 접하기 때문에 전혀 신경 쓰지 않을 것이다. 그보다 훨씬 중요한 문제에 관심을 기울일 것이다!

04
여자 성기관이
하는 일

—————— 여성 호르몬 ——————

여자아이들의 사춘기도 호르몬의 변화 때문에 생겨난다. 호르몬은 화학적 신호 전달 물질로 내분비계의 일부인 여러 분비샘들이 만들어 내는데, 각각의 분비샘은 화학물질과 호르몬을 생성하는 세포들의 집단이다. 각각의 분비샘들에서 만들어진 호르몬이 혈류를 따라 각기 다른 목적지로 이동하여 우리 신체가 무슨 일을 해야 할지 일러 준다. 내분비계는 필요할 때 특정 호르몬을 더 많거나 적게 분비함으로써 서로 다

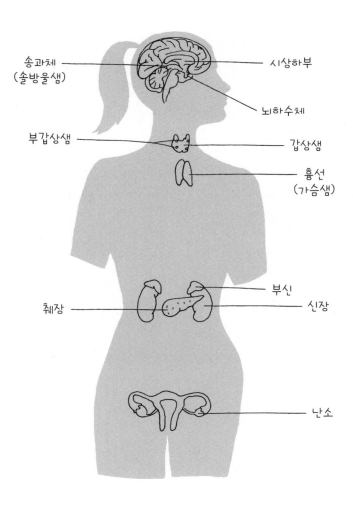

여성의 내분비계

송과체
(솔방울샘)

시상하부

뇌하수체

부갑상샘

갑상샘

흉선
(가슴샘)

부신

췌장

신장

난소

른 신체 기능들이 원활하게 작동하도록 돕는다.

우리 몸에서는 여러 종류의 호르몬이 분비된다. 그중에서 가장 중요한 두 가지 성 호르몬은 테스토스테론과 에스트로겐인데, 남성과 여성 모두에게 생성되지만, 사춘기 때부터 여

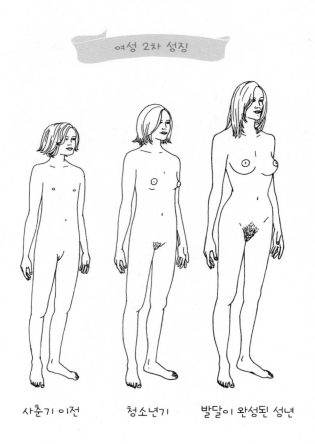

여성 2차 성징

사춘기 이전　　　　청소년기　　　발달이 완성된 성년

자아이에게는 에스트로겐이, 남자아이에게는 테스토스테론이 더 많이 만들어진다.

이제 내 몸에 좀더 익숙해져야 하는 시간이다. 손거울을 들고 바닥이나 의자에 앉는다. 그런 다음 무릎을 끌어당겨 자신의 음부, 클리토리스, 질을 거울에 비쳐 볼 수 있게 자세를 취한다. 거울을 들지 않은 다른 손으로 다물어진 음순을 벌려 그 안을 살펴본다. 이때 여러분은 전에 보았던 어떤 그림과도 같지 않은 것을 보게 될 것이다. 여러분의 얼굴 생김새, 피부색, 손톱과 발가락이 다른 누구와도 똑같지 않듯, 성기도 사람마다 다르게 생겼다. 음순이 아주 길고 두툼한 경우도 있고, 작고 얇은 경우도 있다. 모두 자연스러운 모양이다. 사춘기 때 몸의 다른 부분들이 성장하는 것처럼 성기도 변화한다.

화장실에 갈 때를 제외하고 자신의 성기를 보거나 만지는 것은 잘못이라고 배운 여자들이 있을 것이다. 하지만 자신의 성기를 보는 것은 전혀 문제될 게 없다. 오히려 자신의 몸이 어떻게 생겼고, 그 부분 부분들이 무엇이며, 또 무엇을 위해 존재하는지 알아야 한다. 건강한 상태일 때 자신의 성기를 살펴보아야 한다. 평상시의 상태를 알지 못한다면 어디가 "잘못된" 것인지 어떻게 알 수 있겠는가?

불두덩 또는 치구

치골(일명 두덩뼈로 골반의 앞쪽 음모가 자라는 곳에 위치) 위로 두툼하게 올라온 살이 성기를 보호해 준다. 이 부분을 불두덩 또는 치구라고 부른다. 여기에 음모가 약간 나 있을 수 있다. 성장하면서 음모는 더 무성해지고 색이 진해지며 곱슬거리게 된다. 불두덩이 두꺼워져서 더 튀어나오기도 한다.

음부

다리 사이 안쪽에 있는 것이 음부다. 음부에는 두 겹의 피부가 부드럽게 접혀 있는데, 바깥쪽에 하나 안쪽에 하나가 있다. 이것을 음순이라고 부른다. 음순은 라틴어로 "입술"을 뜻한다. 음순의 색은 인종, 민족, 나이에 따라 연한 분홍색에서 흑갈색까지 다양하다. 대부분 나이를 먹으면 멜라닌 색소에 의해 음순의 색이 더 진해진다.

바깥쪽에 있는 음순의 의학적 명칭은 대음순이다. 아직 어린 여자아이들은 대음순이 평평하고 털이 없으며 양쪽이 붙어 있지 않다. 사춘기로 접어들면서 이 음순에 음모가 자라고 두꺼워지면서 양쪽이 서로 달라붙게 된다.

아동기에는 대음순의 안쪽이 매끄럽지만, 사춘기가 되면 거기에 오돌토돌한 작은 돌기들이 생겨난다. 이것은 지방을 만들어 내는 분비샘들로, 사춘기 때부터 그 부분의 피부가 자극

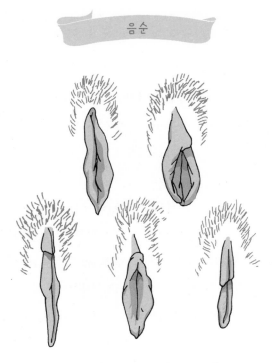

음순

음순의 모양과 색상은 사람마다 다르다

받지 않고 촉촉해질 수 있도록 소량의 지방을 분비하기 시작한다. 대음순에는 땀샘도 있다.

대음순을 양쪽으로 벌리면 안쪽에 있는 음순, 즉 소음순이 나타난다. 사춘기가 되기 전까지는 모양이 작고 분명하지 않지만, 사춘기가 되면서부터 이 부분도 더 도톰해진다. 소음순이 대음순보다 더 길거나 큰 여성도 있다. 소음순은 대음순처럼 음모가 자라지 않지만 여기에도 지방을 분비하는 피지샘이 있다.

대음순과 소음순은 음부 안쪽에 있는 음핵(클리토리스)과 요도와 질로 들어가는 입구를 덮어 보호해 준다. 사춘기가 되면 작았던 이 입구들이 커지기 때문에 더 쉽게 눈으로 확인할 수 있다.

음핵(클리토리스)

음부 맨 위쪽, 즉 몸 앞부분과 가장 가까이에 있는 소음순이 만나는 부분에 음핵(클리토리스)이 있다. 이것은 완두콩이나 연필 끝에 붙은 지우개 크기 정도로 사춘기 때 더 커지는 아주 민감한 조직이다. 후드가 그 부분을 덮어 보호하고 있어 클리토리스를 보려면 후드를 끌어올려야 한다. 우리가 실제로 볼 수 있는 것은 클리토리스 끝부분이다. 클리토리스 윗부

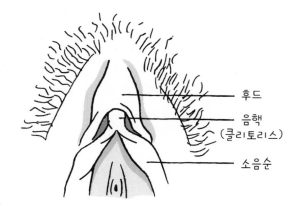

후드

음핵
(클리토리스)

소음순

분을 눌러 보면 몸속으로 이어지는 자루 같은 게 느껴질 것이다. 이것의 길이는 성인 여성의 경우 10센티미터 정도 된다.

음핵에는 남자의 음경처럼 신경 말단 조직들이 가득 들어있어서 매우 예민하다. 음핵을 매만지고 문지르면 여성의 생식기 전체가 기분 좋은 느낌으로 반응한다. 성적인 즐거움을 느끼는 부분이며, 성적인 흥분 뒤에 짜릿하게 이어지는 오르가슴도 이 부분에서 비롯된다. 남자의 음경이 소변을 보고, 성관계하고, 임신을 위해 사용되는 등 여러 가지 일을 하는 것에 비해 여성의 음핵은 오로지 즐거움을 위해 존재한다!

요도

클리토리스 아래쪽 첫 번째 입구는 요도로 이어져 있다. 요도는 성기가 아니라 방광에 저장된 소변을 몸 밖으로 전달하는 기관이다. 우리 몸이 섭취한 음식과 음료에서 사용하지 않고 남은 액체 찌꺼기가 소변으로 배출된다. 여자의 경우 요도를 통해 이동하는 액체는 소변뿐이다(남자는 정액도 이곳으로 이동한다). 요도는 양쪽에 작고 가느다란 구멍들이 있는 뒤집어진 V자처럼 보이기도 한다. 이 것들은 작은 분비샘들의 입구로, 거기서 분비물이 나와 그 부분을 촉촉하게 유지해 준다.

질

두 번째로 자리 잡고 있는 입구가 질이다. 질은 몸 바깥 부분과 여성의 몸 안에 있는 성 생식기관인 자궁을 연결하는 통로로, 신축성 있는 근육으로 이루어져 있다. 사춘기 때 길이가 거의 두 배로 늘어나 8~13센티미터 정도가 된다.

근육으로 된 질의 벽은 주로 달라붙어 있지만, 필요할 때면 쭉쭉 늘어난다. 출산할 때는 풍선처럼 커진다. 성관계를 할 때 남자의 음경이 질과 만나고, 출산 시 유연한 질 근육이 아기를 밀어내는 역할을 한다.

질에서는 다른 두 종류의 액체가 나오는데, 하나는 질을 깨끗하게 하는 일상적인 분비물이고, 다른 하나는 혈액과 조직이 섞여 있는 월경이다.

항문

질 뒤쪽에 위치한 이 작은 입구는 대변을 몸 밖으로 내보내는 직장과 이어져 있다. 몸에서 섭취되고 남은 음식물이 직장으로 가서 배변 활동을 통해 항문으로 빠져나간다. 사춘기 때 항문 주위의 피부색이 진해지고 음모가 자라기도 한다. 하지만 항문은 아주 가까이 있을 뿐 음부의 일부분이 아니다. 항문을 닦다가 질이 감염되는 것을 막으려면 대변을 본 후에 손을 뒤로 해서 앞쪽에서 뒤쪽으로 닦아야 한다.

'처녀막'의 오해와 진실

질 입구에는 부분적으로 혹은 완전히 덮고 있는 피부 조직이 있다. 어린아이일 때는 아주 얇았다가 사춘기 때 더 두꺼워져서 주름이 생겨 접히게 된다. 너풀너풀 주름이 잡혀 있다고밖에는 달리 표현하기가 힘들다. 성관계를 하지 않더라도 격렬한 운동을 하거나 자전거를 타거나 승마를 하는 경우처럼 매우 활동적으로 움직일 때, 아니면 질 속으로 손가락을 넣거나 월경 중에 탐폰을 끼울 때 질주름이 자연스레 늘어나 찢어질 수 있다. 질 입구는 막으로 막혀 있는 것이 아니라 질 입구를 둘러싼 근육 조직이 주름으로 접혀 있다. 여기에는 몇 개의 커다란 구멍이 나 있을 수도 있고 그보다 작은 구멍들이 여러 개 나 있을 수도 있다. 질주름의 형태와 두께는 사람에 다라 다양하다.

그러나 어떤 문화권에서는 질 입구의 주름을 '처녀막'이라고 부르며 순결의 증거로 여겨, 처음 성관계를 할 때 이 처녀막이 찢어져 피가 나야 한다고 생각한다. 그래서 이를 근거로 여자의 순결을 판단할 수 있다고 착각한다. 앞에서 말했듯이 일상적인 활동을 하다가도 질주름이 늘어나거나 손상되는 경우가 흔하기 때문에 그것을 순결의 지표로 보기에는 문제가 있다.

많은 문화권에서, 심지어 오늘날 미국에서까지 의사에게 보이면 처녀(virginity)인지 아닌지 알아낼 수 있을 거라는 믿음이 있다. 하지만 그것은 불가능하다. 어떤 의사도 신체검사로 그 여자가 처녀인지 아닌지 단정할 수는 없다.

질 입구가 늘어나거나 손상됐을 때 아무 느낌이 없을 수도 있고, 약간 따갑거나 피가 날 수도 있다. 마찬가지로 질 입구 조직이 차츰 모두 떨어져 나갈 수도 있고, 조직 일부가 질 입구 가장자리에 남아 있을 수도 있다.

의학적으로는 여성의 성기관을 외부 생식기관과 내부 생식기
관으로 구분해 말한다. 여성의 몸속에 있는 주요 생식기관은
난소 두 개, 나팔관 두 개, 자궁경관이 있는 자궁, 그리고 질
이다. 다음 그림과 설명을 보면 사춘기 이후에 이런 기관들이
어떤 상태가 되는지 알 수 있을 것이다.

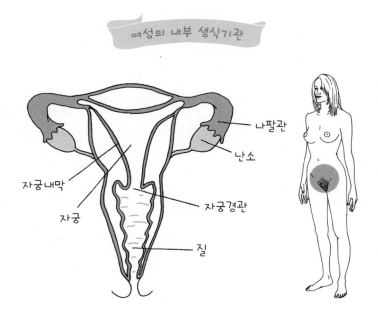

여성의 내부 생식기관

나팔관

난소

자궁내막

자궁경관

자궁

질

난소

자궁 위 양쪽에 커다란 아몬드 모양의 난소가 하나씩 달려 있다. 난소에는 여성의 성 세포들이 들어 있는데, 이 세포들을 "난자"라고 부른다.

난자

갓 태어난 여자아이는 난소에 100만에서 200만 개의 난자를 지니고 있다. 하지만 이 난자들은 아직 생식 능력이 없다. 다시 말해 임신해서 아기를 만들 수 없다. 그러다 사춘기에 이르면 수정이 가능한 30만에서 40만 개 정도의 성숙한 난자들이 남아 있게 된다.

성인 여성은 보통 한 달에 한 번 성숙한 난자를 만들어 낸다. 이 난자는 한 번에 하나씩, 양쪽 난소 두 곳 중 한 곳에서 만들어지며, 난자는 난소를 떠나 나팔관으로 들어간다. 이 과정을 배란이라고 한다.

나팔관

나팔관을 발견한 이탈리아의 해부학자 가브리엘레 팔로피오의 이름을 따서 팔로피오관이라고도 부른다. 각각의 관은 길이 7~10센티미터 정도로, 스파게티 면 정도의 지름을 갖고 있다. 끝부분이 각각의 난소 위로 걸쳐진 모양새가 나팔 같아서 팔로피오가 그것을 "자궁의 나팔"이라고 불렀다. 그 말단 부분에는 "술 장식"을 뜻하는 라틴어 '핌브리아'가 달려 있다. 깃털이나 촉수 비슷하게 생긴 이 핌브리아가 난소와 자궁을 연결해 준다.

나팔관은 난자가 난소를 떠나 자궁으로 이동하는 통로다. 솜털 모양의 작은 돌기들이 관 속에 쭉 늘어서 있다가 앞뒤로 물결치면서 난자를 자궁으로 운반한다.

자궁

여성의 몸에서 태아가 자라나는 기관이다. 자궁 안에는 자궁내막이라는 내벽이 있다. 자궁내막에 대해서는 8장 '월경'에서 더 자세히 다룰 것이다.

난자가 수정되면 이 쿠션 같은 자궁내막에 살면서 태아로 자라나고, 여기서 약 9개월 동안 엄마가 섭취한 음식물의 영양분을 받아들이며 출산 가능한 아기가 된다. 태아가 자라는 동안 자궁은 점점 더 늘어나고 엄마의 배도 점점 더 커진다. 출산을 하고 나면 자궁은 엄마의 주먹 정도 되는 원래 크기로 돌아온다.

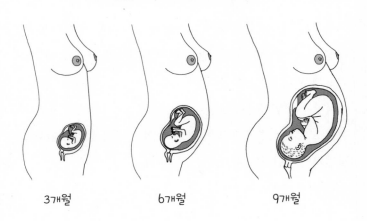

3개월   6개월   9개월

자궁경관

자궁경관은 질 위쪽과 자궁의 아래쪽에 위치한 좁은 길목이
다. 보통은 연필 심 정도 크기의 아주 작은 입구가 하나 있다.
아기가 태어날 때가 되면 이 작은 입구가 커지면서 벌어지기
시작한다. 자궁이 수축하면서 아기를 엄마 몸 밖으로 밀어낼
때, 이 자궁경관은 10~13센티미터 정도로 늘어난다.

월경

하지만 난자가 수정되지 않으면 자궁내막이 허물어져 혈액과

함께 질 밖으로 흘러나온다. 이것을 "월경" 또는 "생리"라고
부른다(8장 '월경'에서 더 자세히 설명할 것이다).

─────── 여자의 성관계와 수정 ───────

여자의 난자가 남자의 정자와 결합하는 과정을 수정이라고
한다. 남자와 여자가 성관계를 맺으면 수정이 되어 아기가 생
길 수 있다. 아기를 낳을 계획이 아니더라도, 성관계는 두 사
람이 서로 흥분과 즐거움을 느끼는 애정 행위가 될 수 있다.

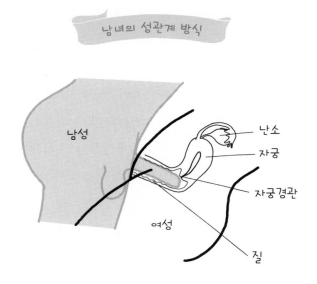

남녀의 성관계 방식

성관계가 수정으로 이어지는 과정은 다음과 같다. 발기한 남자의 음경이 여자의 질과 만난다. 여자가 흥분하면 윤활액(애액)이 흘러나와 음경이 더 쉽게 미끄러져 들어갈 수 있도록 만들어 준다. 음경이 질 안팎으로 움직이는 사랑을 나눈 후에, 남자가 사정을 한다. 그러면 수백만 개의 정자가 질을 통해 자궁으로 헤엄쳐 간다.

그 수백만 개의 정자 중 단 하나라도 자궁에 도착해 난소를 떠난 지 24시간이 넘지 않은 난자를 만나면 수정이 이루어진다. 이후 난자가 자궁에 착상하고 태아가 자라기 시작한다.

여자아이가 병원에 가야 할 경우

- 7세가 되지 않았는데 신체적으로 성숙해지는 사춘기 증상이 나타나는 경우. 아직 나이가 어린데도 겨드랑이나 음부에 털이 나는 경우가 있다. 집안 여자들이 대대로 어린 나이에 사춘기가 시작되었다면 이게 정상일 수 있지만, 일단은 병원에 가서 확인해 보는 게 좋다. 8세 이전에 유방이 발달하는 것도 너무 이르다고 볼 수 있다.

- 13세나 14세까지도 신체적으로 성숙해지는 변화가 나타나지 않거나, 유방이 발달하기 시작한 지 2년이 지났는데도

월경을 하지 않은 경우

- 월경혈의 양이 너무 많거나 오래 하는 경우. 대부분의 십대 아이들은 월경을 시작한 지 처음 며칠 동안은 하루에 생리 대나 탐폰을 네다섯 개 사용하고, 그 후에 개수가 줄어든다. 이보다 더 많이 사용해야 하거나 핏덩어리 같은 게 나온다면 치료가 필요한 출혈성 질환일 가능성이 있다. 출혈성 질환에 걸렸을 때 가장 먼저 나타나는 신호가 월경혈의 양이 많아지는 것이다.

- 월경을 시작한 지 6개월이 지났는데도 주기가 규칙적이지 않은 경우

- 월경통이 너무 심해서 학교생활이나 다른 정상적인 활동을 하지 못하는 경우, 또는 구토가 동반되는 경우

- 탐폰을 끼우는 게 불가능한 경우

- 악취가 나고, 가렵고, 걸쭉한, 혹은 월경 전후가 아님에도 진갈색이나 초록빛 나는 질 분비물이 나오는 경우

- 성기에 아픈 물집이나 덩어리, 발진, 혹 같은 것이 생겨난 경우

- 소변을 보거나 성관계를 할 때 아픈 경우

- 월경 기간이 아닌데 소변에 피가 섞여 나오는 경우

- 유방에 단단하거나 아픈 덩어리가 느껴지는 경우

- 양쪽 유방의 크기가 다르거나 유방이 너무 커서 허리가 아프거나 신체 활동을 하기 힘든 경우
- 월경 중에 갑자기 열이 나거나 붉은 반점이 생기거나 구토, 두통, 정신착란 증상이 나타나는 경우. 이것은 독성 쇼크 증후군(탐폰 사용으로 질 내에 발생한 유해 박테리아 때문에 생기는 심각한 질병)을 나타내는 증상일 수 있으니 즉시 병원에 가야 한다.
- 자신의 몸에 대해 어떤 의문이나 걱정이 지속되는 경우

05
대격변이 일어나는 십대의 몸

사춘기가 되면 남자와 여자 모두 호르몬 분비가 많아지면서 피부색, 목소리, 체취, 체모 등이 달라지고, 키가 갑자기 훌쩍 자라는 등의 변화가 나타난다. 이미 이런 변화를 경험했거나 지금 경험하는 중이라면, 여러분에게 적용되지 않는 내용은 건너뛰어도 된다.

급성장

사춘기의 급성장은 발에서부터 시작하여 다리와 팔 등 다른 부위로 확대된다. 그러니 어느 순간 갑자기 자신의 발에 걸려 넘어지더라도 놀라지 마라! 시간이 지나면 근육이 생기고 힘도 더 강해진다.

〰〰〰 성장통 〰〰〰

성장통은 십대 이전의 아이들에게 주로 나타나는데, 사춘기 초반에 겪는 경우도 있다. 길쭉한 다리뼈에서 성장통이 생겨나기 때문에 주로 허벅지나 종아리에 통증을 느낀다. 늦은 오후나 저녁에 아픈 느낌이 들고, 잠을 자다 아파서 깨기도 한다. 이때는 아픈 부위에 뜨거운 물병을 대거나 마사지를 하면 도움이 된다. 무릎이나 발목에는 성장통이 생기지 않는다. 따라서 다리를 절룩이게 되거나 학교에 못 가거나 운동을 못하게 되는 경우는 없다.

지금 성장통을 겪고 있다면 아픈 부위에 뜨거운 물병이나 찜질 패드를 대 본다. 힘차게 걷기, 자전거 타기, 수영처럼 심장 박동을 빠르게 하는 유산소 운동을 해도 좋고, 정 아프면 통증을 완화시키는 파스를 바르거나 붙인다. 또는 진통제인 이부프로펜(미돌, 애드빌, 모트린)과 타이레놀 등도 효과를 볼 수 있다.

여드름

십대들은 피부에 뾰루지가 많이 난다. 이것을 여드름이라 부르는데, 보통은 십대가 끝나기 전이나 끝날 즈음에 사라진다. 하지만 개중에는 어른이 될 때까지 여드름이 없어지지 않는 사람도 있다.

여드름은 피부 바로 아래 있는 피지샘 활동이 활발해져서 평소보다 더 많은 지방을 만들어 낼 때 생긴다. 화이트헤드, 블랙헤드(흑여드름이라고도 한다), 뾰루지 이렇게 세 종류가 있다.

화이트헤드는 피지샘이 만들어 낸 피지가 얼굴이나 가슴, 등에 있는 피부 모공을 막아 피지가 밖으로 나오지 못하면서 좁쌀 같은 흰 돌기들이 올라오는 피부 트러블이다.

그 돌기가 밖으로 튀어나오면 피부의 화학 반응으로 인해 색이 진하게 변한다. 이것을 블랙헤드 또는 흑여드름이라고 부른다.

뾰루지는 노란 여드름이라고도 하는데, 피부 표면에 있던 박테리아가 피지로 막힌 모공 안에 갇혀 감염될 때 생겨난다. 모공에 고인 피지가 세균에 감염되면 모공이 파괴되면서 염증이 퍼지고 빨갛게 부풀어 오르게 된다.

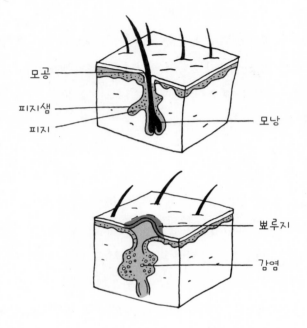

모낭과 뾰루지 구조

모공

피지샘

피지

모낭

뾰루지

감염

여드름이 생기는 것을 줄이려면 아래 나오는 몇 가지 사항을 지켜서 해 본다.

• 하루에 두 번 순한 비누로 얼굴을 씻어 기름기를 닦아 낸다.

• 뾰루지를 터뜨리거나 쥐어뜯지 않는다. 그러면 고름(박테리

아 덩어리)이 주변으로 더 퍼지게 되고 흉터가 남을 수 있다.
- 여드름에 효과적이라는 기초 화장품을 쓰는데도 상태가 나아지지 않으면 병원을 찾는다. 대부분의 의사들은 여드름 치료에 대해 잘 알고 있다. 여드름 상태가 매우 심각하다면 의사가 적당한 약이나 피부과 의사를 추천해 줄 것이다.

여드름 치료 연고를 고를 때는 살리실산 성분이 들어 있는지 꼭 확인한다. 여드름 염증을 가라앉히는 데는 테트라사이클린이라는 항생 물질도 효과적인데 이 계통의 약을 구하려면 처방전이 있어야 한다.

일부 스크럽 제품이나 클렌징, 통신판매하는 제품들은 별로 효과도 없으면서 비싸다. 연마재 성분이 포함된 비누와 자극성 강한 제품들 역시 피부를 건조하게 만들고 심지어 더 많은 기름기를 유발할 수 있기 때문에 피해야 한다. 언제든 기본적인 클렌징을 꼼꼼하게 하는 것이 가장 좋다.

자외선에 의한 피부 손상

피부색이 진한 사람도, 볕에 타지 않는 사람도, 자외선으로 인해 피부에 손상을 입을 수 있다. 어렸을 때 볕에 타거나 화상을 입으면 나이 들어 피부암에 걸리거나 나이보다 이르게 피부가 늙고 주름이 생길 위험이 있다.

남녀노소 상관없이 자외선 차단제를 꼭 발라 주어야 한다. 실외 활동 시에는 햇볕이 따가운 날뿐 아니라 흐릴 때도 SPF 지수가 30, PA++ 이상인 자외선 차단제를 바르는 것이 좋다. 해변에서는 2시간에 한 번씩 덧바른다. 수영을 하거나 땀을 많이 흘릴 때도 마찬가지다. 요즘은 얼굴에 바르는 화장품도 자외선 차단 성분을 첨가한 제품들이 많이 있으니 그런 제품을 구입하도록 한다.

태닝 기계에서 나오는 자외선도 태양빛과 똑같이 피부를 손상시킨다. 태닝 기계로 태웠건 햇볕에 그을렸건 피부색이 변했다는 것은 햇빛에 피부가 손상되었다는 신호다. 태닝 기계를 사용하지 마라. 태닝 스프레이도 피부에 좋지 않다.

───────── 체취 ─────────

십대 때는 피지샘과 마찬가지로 땀샘의 활동도 활발해져서 겨드랑이나 성기 주변, 팔다리에서 더 강한 냄새가 난다. 긴장하거나 흥분할 때면 냄새가 더 심해진다.

이미 데오도란트나 앤티퍼스퍼런트(antiperspirant, 땀 억제제)를 매일 뿌리는 사람도 있을 것이다. 참고로 데오도란트는 몸에서 나는 냄새를 없애기 위한 것이고, 앤티퍼스퍼런트는 몸에서 나는 땀의 양을 줄이기 위한 것이다.

데오도란트를 사용하는 것 이외에 몸에서 나는 냄새를 줄일 수 있는 방법이 몇 가지 있다.

- 매일 샤워를 하거나 목욕을 한다.
- 깨끗한 옷을 입는다. 지저분한 옷에는 냄새 나는 박테리아가 달라붙는다.
- 면으로 된 옷을 입는다. 면 소재 옷감은 폴리에스테르나 실크 같은 직물보다 공기가 더 잘 통한다.

이제 사춘기 남자아이에게 일어나는 신체 변화에 대해 좀 더 구체적으로 살펴보자.

06

사춘기 남자
몸 관리

————— 호르몬 차이 —————

모든 사람이 사춘기를 똑같은 시기에 겪는 것도 아니고, 몸이 똑같은 방식으로 변하는 것도 아니다. 사람마다 호르몬을 생산하는 비율이 다르기 때문이다. 신체적으로 남보다 더 일찍 발달하고 성숙해지는 아이가 있는가 하면, 그렇지 않은 아이도 있다. 그 시기가 빨리 찾아오건 늦게 찾아오건, 다들 머지 않아 성숙한 몸을 갖게 된다.

음경 크기

- 음경의 크기는 키나 체격과 아무런 관련이 없다.
- 평상시 상태를 봐서는 발기했을 때 얼마나 커질지 알 수 없다. 평소에는 작은데 발기하면 아주 커지는 경우도 있고, 평소와 별 차이가 없는 경우도 있다. 긴장하거나 추우면 생식기를 보호하기 위해 음낭이 고환을 몸 쪽으로 끌어올려서 음경 크기가 3~5센티미터까지 줄어들기도 한다! 반대로 긴장이 풀리거나 더울 때는 음경이 두 배로 늘어난다.
- 음경의 크기는 사람마다 다르다. 발기했을 때의 음경 크기도 그 당시 상황이나 보는 각도에 따라 조금씩 달라질 수 있다.
- 음경이 크다고 해서 더 남성적이거나 성욕이 더 강하거나, 성관계를 더 잘하는 것은 아니다.

성관계를 할 때 대부분의 여자들은 질 바깥에 있는 클리토리스와 그 주위, 그리고 질 바로 안쪽에 가해지는 자극에 영향을 받는다. 게다가 여자들이 느끼는 쾌감은 성관계에 온전히 집중할 수 있는 분위기와 상대방과의 관계(상호 신뢰, 정서적 안정감, 이해와 공감 등)에 따라 달라질 수 있다.

사춘기 남자의 몸에서는 테스토스테론이라는 호르몬이 더 많이 분비된다. 음경이 더 민감해지고 더 자주 발기한다. 때로는 적절하지 못한 상황에서 발기하기도 한다. 자극을 받으면 음경에 있는 혈관에 피가 가득 들어차면서 해면 조직의 텅 빈 공간을 채운다. 그러면 해면 조직이 부풀어 올라 혈관들을 압박하여 혈액이 음경에 머무는 발기 상태로 변하게 된다.

단 몇 초 만에 아주 빠르게 발기가 일어나는 경우도 있고, 그보다 더 천천히 단단해지기도 한다. 음경에 뼈가 없는데도 뼈처럼 딱딱해지거나 그보다 덜 단단해질 때도 있다. 자극이 가해지면 몇 시간 동안 발기가 지속되기도 하고 그렇지 않기도 한다. 발기한 음경은 몸에 직각으로 일어설 수도, 위쪽으로 설 수도, 배 쪽에 더 가까이 갈 수도, 또는 휘어 있을 수도 있다. 이럴 때는 보통 왼쪽으로 휜다. 이 모든 것이 자연스러운 현상이다.

발기가 되면 음경에 있는 혈관들을 더 쉽게 확인할 수 있다. 귀두가 더 진해지기도 하고, 고환이 더 팽팽해져서 몸 쪽으로 가까워질 수도 있다. 다시 말하지만 이 모든 게 자연스러운 것이다.

자연 발기

사춘기에 남자아이들은 전혀 예상치 못한 상황에서 발기가
되기도 하는데, 이것을 자연 발기라 부른다. 길을 걷다가 매력
적인 여자를 보았을 때 몸에 변화가 일어나면 매우 당황스럽
다. 그러나 아무런 이유가 없는데도 발기되는 경우가 있다. 걱
정하지 않아도 된다. 여러분의 염려와 달리 그것이 남들 눈에
는 잘 띄지 않을 것이다. 다만 자연 발기된 상태에서 4시간이
지났는데도 원래대로 돌아오지 않거나 통증이 있을 때는 병
원에 가 봐야 한다.

　발기된 음경을 원래 상태로 돌리거나 숨겨야 한다면 다음
방법을 사용해 본다.

• 어떤 생각이나 감정 때문에 발기한 것이라면 긴장을 풀고
　다른 생각을 하도록 한다. 3, 2, 1, 이렇게 숫자를 거꾸로 세
　는 것도 도움이 된다.
• 주머니에 손을 넣어 바지를 위로 잡아당긴다. 헐렁한 바지
　를 입고 있을 때는 이 방법이 도움이 된다.
• 어디에든 앉는다. 몸을 가려 줄 테이블이나 책상이 없을 때
　는 다리를 꼬고 앉는다.
• 책이나 종이 등으로 가린다.

- 가구 뒤쪽으로 자리를 옮긴다.
- 스웨터나 추리닝 상의를 허리춤에 묶는다.
- 바지 밖으로 늘어뜨릴 수 있는 긴 셔츠를 입는다.

별다른 자극이 없으면 대부분의 발기는 저절로 가라앉는다.

------- 몽정 -------

잠을 자다가 발기돼서 깨어나는 일이 종종 있다. 밤사이 방광에 소변이 가득 찰 때 이런 일이 일어난다. 빵빵해진 방광의 압력이 음경 아래쪽 신경을 자극하여 발기하게 되는 것이다. 잠을 자다가 사정하게 되는 경우도 있다. 이것을 '야간 유정(밤에 정액이 흐르는 증상)'이라고 하는데, 사실 이 말은 정확하지 않다. 밤이 아니라도 잠잘 때 언제든 이런 일이 일어날 수 있기 때문이다. 우리가 일반적으로 부르는 "몽정"이라는 명칭도 사실 정확하지 않다. 야한 꿈을 꾸지 않더라도 사정을 할 수 있다.

어쨌거나 가끔씩 몸이나 잠옷이나 침대 시트에 끈끈한 정액이 묻어 있는 채로 깨어나는 일들이 생길 것이다. 그게 마른 상태라면 누르스름하고 묽은 풀 같아 보일 수도 있다.

십대 남자아이들이 모두 몽정을 하는 것은 아니지만, 사춘기 이후에 많은 남자아이들이 몽정이라는 과정을 겪는다.

이런 상황이 발생했을 때 너무 놀랄 것 없다. 자연스러운 현상이다. 다만, 자신의 속옷은 스스로 세척하고 이불을 정리하도록 한다.

────── 남자 성기 관리 ──────

우리의 성기는 신체 외부에 있기 때문에 특별히 더 관심을 기울여야 한다. 매일 비누로 성기 주변을 깨끗이 씻고, 가려움과 발진을 일으키는 균에 감염되지 않도록 잘 말린다. 사타구니 주변은 땀이 차거나 씻은 후 잘 말리지 않아서 습해지기 쉬운 부위이므로, 곰팡이 균에 감염되는 일은 흔하게 발생한다. 그럴 때는 약국에서 파는 사타구니 피부병 치료약으로 치료하도록 한다.

음경은 귀두의 피부가 자극을 받지 않도록 비누를 사용하지 않고 미지근한 온도의 흐르는 물로 씻는다. 포경수술을 하지 않은 음경은 포피 안쪽의 점막에서 일종의 윤활액이 분비되기 때문에 이물질이 쌓이기 쉽다. 이물질을 씻어 내지 않으면 심한 냄새가 나므로 포피 안쪽까지 깨끗하게 씻어 준다.

속옷은 꽉 끼지 않고 피부에 부드럽게 닿는 면 소재를 입도록 한다. 여기서 중요한 것은 면 소재여야 한다는 점이다. 합성섬유와 달리 면은 생식기를 숨 쉬게 하고, 박테리아의 발생을 막는다.

국부 보호대

운동하는 남자들은 음경과 음낭을 보호하기 위해 국부 보호대를 자주 착용한다.

달리기 같은 운동을 할 때는 팬티처럼 몸에 딱 들어맞는 국부 보호대를 착용한다. 팬티처럼 잘 맞으면서 부드러운 컵이나 고정시키는 띠 같은 것으로 성기를 몸에 눌러 주거나 받쳐 주는 제품들이 있다. 여러 개의 띠로 성기 부위를 고정시키도록 만들어진 보호대도 있다. 축구나 야구, 농구, 하키처럼 다소 격렬한 운동을 할 때는 단단한 컵이 달린 국부 보호대를 사용한다.

백화점 남성복 매장이나 스포츠 용품점에 가면 국부 보호대를 구입할 수 있다. 자신의 허리 사이즈에 맞는 국부 보호대를 고르면 된다. 국부 보호대도 속옷처럼 겉도는 느낌 없이 몸에 편안하게 잘 맞고 항상 청결해야 한다. 필요할 때 깨끗한 것을 사용할 수 있도록 두 개 이상 구비하는 게 좋다.

지금까지 우리 몸의 생식기관과 그것들이 어떻게 기능하는지에 대해 살펴보았다. 이제 청소년기의 남자아이들이 호르몬 분비 증가로 인해 겪는 또 다른 변화들을 알아보자.

목소리

사춘기가 되면서 이미 목소리가 변해서 깊어진 사람이 있을 것이다. 후두에서는 더 깊은 목소리를 만들어 내고 '애덤스 애플'이라 불리는 '결후(울대뼈)'가 목 앞쪽에 톡 튀어나온다. 그러나 예상과 달리 목소리의 변화를 감지하지 못할 수도 있다.

체모

몸에 변화가 찾아온 후 수염이 자라기 시작한다. 처음 몇 년간은 아주 천천히 자란다. 털의 상태도 변하는데, 다리털이 많아지고 색이 진해진다. 겨드랑이에도 털이 나고(이때쯤부터 겨드랑이에서 땀이 더 많이 나고 체취도 더 강할 수 있다) 가슴과 등, 배, 어깨에도 털이 난다.

음경 주위의 음모는 더 곱슬곱슬해지고 굵어지며 진해진다. 성인 남성과 같은 색과 질감을 갖게 되면서, 이 부위의 털들

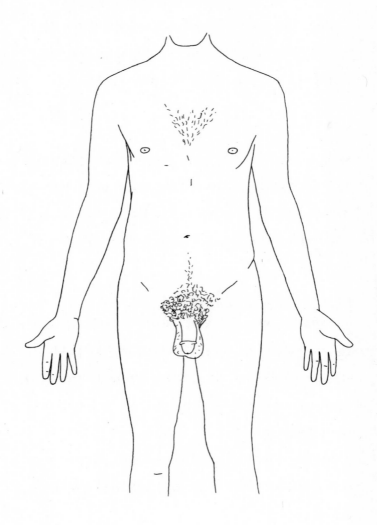

이 역삼각형 모양을 갖추기 시작한다.

털의 많고 적음은 민족적 배경이나 부모에게 물려받은 특성에 따라 달라진다. 털이 많다고 해서 남성적인 것도 아니고, 털이 거의 없다고 해서 남성적이지 않은 것도 아니다.

수염

남자아이들은 보통 11~15세가 되면 수염이 자라기 시작한다. 털이 나는 즉시 면도를 하면 털이 더 검어지고 두꺼워진다고 말하는 사람이 있는데, 근거 없는 말이다.

남자에게 있어 면도를 시작한다는 것은 꽤 큰 사건이다. 면도를 시작할 것인지 말 것인지는 각자 알아서 결정할 일이지만, 대부분 11세에서 17세 사이에 면도를 시작한다.

수염이 많이 곱슬곱슬한 편이라면 얼굴을 자극하지 않고 면도하는 방법을 배우는 것도 좋다. 가족이나 주위 사람, 또는 이발사에서 물어보도록 한다. 시중에 다양한 피부 타입에 맞게 만들어진 면도 보조 제품(셰이빙 폼, 젤 등)들이 나와 있으니 자신에게 맞는 것을 고른다.

가슴

테스토스테론 분비가 자리를 잡는 과정에서 가슴이 여자

의 유방처럼 커지는 경우가 있다. 이를 유방이상비대증 (gynecomastia)이라고 한다. 가슴이 커지면서 따갑거나 쓰라릴 수도 있고, 젖꼭지가 커지고 색이 진해질 수도 있으며, 단추처럼 납작한 혹이 생길 수도 있다. 하지만 걱정할 문제는 아니다! 사춘기를 겪는 십대 남자아이들의 절반 이상이 일시적으로 이런 증상을 경험한다. 과체중이거나 금지 약물에 중독되면 더 흔하게 나타난다. 단, 가슴 조직이 딱딱하고 아프며 젖꼭지에서 액체가 흐르거나 이런 증상이 몇 달 넘게 지속되면 병원을 찾아야 한다. 간혹 자극을 주어도 유두가 튀어나오지 않는 함몰유두가 있는데 이 경우 유두가 끼인 틈에 세균이 번식하거나 냄새가 나기도 하므로 꼼꼼하게 씻고 잘 말리도록 한다.

이런 변화가 모든 십대 남자아이들에게 똑같은 시기에 똑같은 방식으로 나타나는 것은 아니다. 몸이 만들어 내는 호르몬 정도에 따라 음모나 겨드랑이 털이 나면서 사춘기가 시작될 수도 있고, 두 가지가 한꺼번에 나면서 사춘기가 시작될 수도 있다.

07

사춘기 여자
몸 관리

~~~~~~~~ 급격한 체중 증가 ~~~~~~~~

사춘기가 되면 눈에 띄게 키가 자라고 몸무게도 는다. 이런
변화가 3년 정도 지속되는데, 그사이에 몸무게가 16~25킬로
그램, 혹은 이보다 더 늘어나기도 한다. 이때는 무리하게 다이
어트를 하기보다는 건강한 음식을 먹고 몸을 많이 움직이는
게 바람직하다.

유방 가운데 톡 튀어나온 젖꼭지가 있고, 그 주위를 비슷한
색의 피부가 동그랗게 둘러싸고 있는데 이를 유륜이라고 부
른다. 유방은 지방 조직과 젖샘, 유선관으로 구성되어 있다.

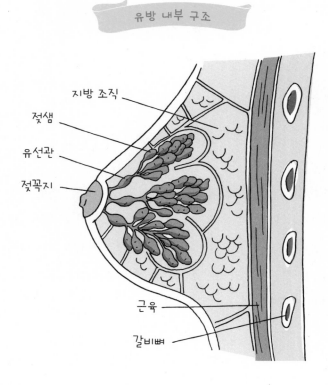

유방 내부 구조

지방 조직

젖샘

유선관

젖꼭지

근육

갈비뼈

여자가 아기를 낳으면 이 젖샘에서 젖을 만들어 내고, 이 젖이 유선관을 통해 젖꼭지로 이동한다. 그리고 젖꼭지에는 아기가 젖을 빨아먹을 수 있는 몇 개의 작은 구멍들이 나 있다.

가끔 젖꼭지를 짜면 하얗거나 투명하거나 연둣빛 나는 분비물이 나온다. 아니면 젖꼭지 근처에 액체가 분비되어 마른 바슬바슬한 조각들이 묻어 있을 수도 있다. 이것은 유선관들을 씻어 내기 위해 우리 몸이 만들어 내는 액체로, 자연스러운 현상이다.

젖꼭지와 유륜의 색은 연한 핑크색에서 진한 갈색까지 다양하다. 유륜이 꽤 작은 경우도 있고 유방을 거의 다 덮을 정도로 큰 경우도 있다. 젖꼭지는 우리 몸에서 아주 민감한 부위다. 춥거나 자극을 주거나 성욕을 느낄 때 젖꼭지는 단단해지면서 오뚝하게 서고 유륜은 탱탱해지면서 오돌토돌해진다. 시간이 지나면 원래 상태로 돌아간다.

유방의 발달 단계

의학에서는 유방이 발달하는 과정을 다음 다섯 단계로 구분한다.

- 1단계: 아동기. 유방은 납작하고 유두는 작은 유륜 사이에

튀어나와 있다.

- 2단계: 젖멍울기. 사춘기가 시작되면 젖멍울이 생긴다. 젖꼭지 아랫부분에서 살이 조금씩 올라오는데, 이것은 자연스러운 현상이다. 젖꼭지와 유륜이 커지고 진해진다. 때로는 젖가슴이 약간 따갑거나 가렵다. 이 단계가 짧게는 몇 달에서 길게는 1년 넘게 지속된다.

- 3단계: 성장기. 젖꼭지와 유륜이 계속 자라고 진해지면서 젖가슴도 더 커진다. 약간 뾰족하게 보이기도 한다. 이 단계 역시 몇 달에서 몇 년까지 지속된다.

- 4단계: 봉우리기. 유방이 봉긋하게 솟아오르고, 젖멍울과 젖꼭지와 유륜이 어우러지기 시작한다. 사람에 따라서는 이런 현상이 일어나지 않을 수도 있고, 다음 단계에서 일어날 수도 있다.

- 5단계: 성인기. 유방이 동그랗고 통통한 상태로 완벽하게 자란다. 유륜이 젖가슴과 하나로 합쳐지고 가장자리에 털이 몇 가닥 나기도 한다. 보통은 젖꼭지가 위로 튀어나오지만, 안으로 파묻히는 함몰 유두를 갖게 되는 여성도 있다.

사춘기 때 유두가 함몰된 상태라 해도 걱정할 필요는 없다. 아기에게 젖을 먹이는 데는 아무런 문제가 없기 때문이다. 그

유방의 발달 단계 I

1단계

2단계

3단계

4단계

5단계

러니 의사나 간호사 등 전문가에게 물어 유방을 청결하게 관리하는 법을 배워 둔다.

이때 한쪽 가슴이 다른 쪽 가슴보다 더 커지기도 한다. 양쪽 유방이 완전하게 똑같은 경우는 별로 없다. 모양이 약간 다르거나 하나가 좀 더 아래쪽으로 처질 수 있다. 우리 신체 부위에서 손이나 눈 등 한 쌍으로 구성된 것들이 조금씩 서로 다르게 생긴 것처럼 유방도 마찬가지다.

자신의 유방이 어떻게 자라고, 얼마나 오래 자라고, 얼마나

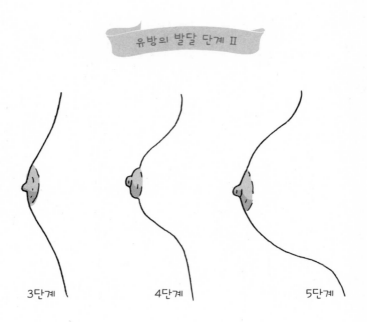

유방의 발달 단계 II

3단계   4단계   5단계

커질지 정확히 예측할 수 있는 사람은 없다. 가슴의 크기와 모양과 색은 사람마다 다 다르다. 가슴이 너무 작아서 걱정하는 사람도 있고 반대로 너무 커서 걱정하는 사람도 있다.

그러니 어떤 운동을 하거나 크림을 바르거나 약을 먹어서 가슴을 더 키울 수 있다고 주장하는 광고나 사람의 말에 속지 않도록 주의한다. 그런 제품들을 쓴다고 해도 우리의 가슴은 달라지지 않는다.

매달 월경 후에는 이 장의 마지막에 있는 유방 자가 검진법(142쪽 참조)을 참고해서 스스로 유방 검사를 한다. 그렇게 하

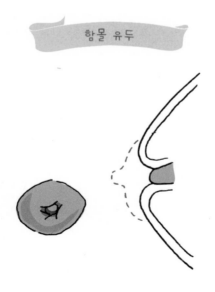

함몰 유두

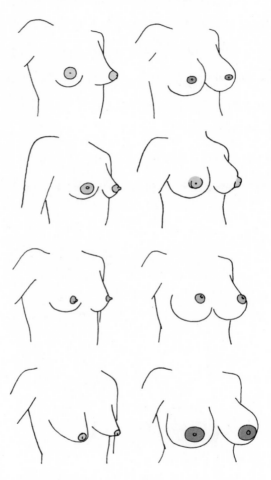

유방과 젖꼭지의 모양과 크기, 유륜의 색은 사람마다 다르다

면 유방암 등 질병의 발생을 미리 알아차릴 수 있을 것이다. 이것은 성인기로 접어들면서 들여야 하는 중요한 습관이다. 그리고 양쪽 유방이 너무 차이가 나서 걱정스럽거나, 유방의 크기 때문에 고통스럽거나, 유방에 혹이나 덩어리가 만져진다면 병원을 찾도록 한다.

브래지어 선택과 착용

브래지어를 착용해야 할지 혹은 착용하고 싶은지 결정하기는 쉽다. 브래지어를 착용해서 하는 게 편한지 안 하는 게 편한지 보면 된다. 브래지어를 착용하기로 결정했다면 가슴이 작을 경우 주니어용 브래지어를 선택한다. 스포츠 브래지어도 괜찮다.

브래지어 사이즈는 75A처럼 숫자와 알파벳으로 표시되어 있다. 숫자는 가슴에 두르는 밴드 사이즈로, 밑가슴(유방 아랫부분) 둘레를 잰 치수라고 생각하면 된다. 알파벳은 브래지어 컵 사이즈로, 컵의 크기는 유두를 지나는 기준으로 잰 가슴둘레에서 밑가슴 둘레를 뺀 값으로 결정된다. 속옷 가게에 가면 사이즈를 정확히 재고 브래지어를 착용할 수 있게 도와주는 전문 판매원이 있을 것이다. 그들이 여러분에게 잘 맞는 브래지어를 골라 줄 것이다.

사실 브래지어 사이즈는 조금씩 다르다. 보통은 끈을 더 늘리거나 줄여서 자신의 가슴에 맞게 조절한다. 브래지어 몇 개를 착용해 보고 그중에서 가장 잘 맞는 것을 고르도록 한다.

브래지어의 색상과 재질과 스타일은 다양하다. 다음 내용을 참고하여 자신에게 맞는 브래지어를 선택하도록 한다.

- 땀 흡수와 통풍이 잘 되고 신축성이 좋아서 편안하고 컵이 부드러운 브래지어를 선택한다.
- 1/2컵 브래지어나 끈 없는 브래지어 등은 특별한 스타일의 옷을 입을 때 가슴이 근사해 보이도록 형태를 잡아 준다.
- 운동을 많이 하거나 활동하기 편한 것을 선호할 때는 스포츠 브래지어를 선택한다. 이런 타입의 브래지어는 가슴을 잘 눌러 주거나 별도의 컵으로 받쳐 줌으로써 좀더 안정감 있게 활동하도록 도와준다.

브래지어 착용과 관련한 더 자세한 내용은 장 마지막에 정리해 두었다.

브래지어를 하기는 싫은데 남들이 쳐다볼까 봐 신경 쓰일 때가 있을 것이다. 얇은 상의를 입을 때 유두가 보일 수도 있고, 다른 여자들은 모두 브래지어를 하는데 자기만 하지 않는

게 이상하게 느껴질 수도 있다.

이럴 때는 셔츠나 스웨터 안에 캐미솔이나 탱크톱을 입으면 된다. 여러분이 브래지어를 했는지 안 했는지 아무도 알아차리지 못할 것이다.

체모

사춘기가 되면 겨드랑이와 다리에 털이 나고, 몸의 다른 부위에도 털이 자라난다.

특히 치골에 나는 털인 음모는 처음에는 몇 가닥 정도 보이다가 점차 많아지면서 색이 진해지고, 곱슬곱슬해지고, 결국에는 뻣뻣해진다.

숱이 점점 더 많아지면 불두덩에서 역삼각형 모양을 이루게 된다. 그 털들이 아래쪽 허벅지로 혹은 위쪽 배 부분으로 더 뻗어 나가는 경우도 있다.

음모가 머리카락 색과 똑같은 것은 아니다. 머리카락과 음모의 색이 다를 수도 있다! 음모가 진한 색으로 구불구불하게 많이 자라는 사람도 있고, 숱이 적고 좀 더 곧게 자라는 사람도 있다.

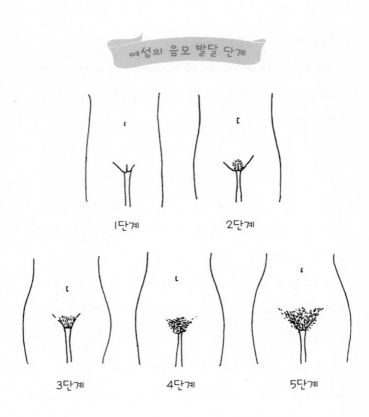

여성의 음모 발달 단계

1단계   2단계

3단계   4단계   5단계

질 분비물

사춘기로 접어들면 질에서 분비물이 나온다. 이것을 '냉'이라
고 부른다. 이것은 맑고 미끈거릴 수도 있고, 흰 크림 같을 수
도 있으며, 속옷에 말라붙었을 때 약간 누렇게 보일 수도 있

다. 이 분비물에서 살짝 악취가 나기도 하는데, 땀을 많이 흘리면 목욕하기 전까지 약하게 사향 냄새가 나는 경우도 있다.

냉이 생기는 이유는 우리 몸이 질을 깨끗이 하기 위해 일하기 때문이다. 냉이라는 것은 사춘기 때 질 표면에 만들어지는 세포들을 매일매일 씻어 내는 과정에서 생겨나는 부산물이다. 사실 질은 우리 몸에서 가장 깨끗한 곳 중 하나다. 끊임없이 자신을 청소하기 때문이다. 눈물이 눈을 보호하고 이물질을 씻어 주는 역할을 하듯, 이 액체도 질을 촉촉하게 유지하고 감염으로부터 보호하는 역할을 한다.

질 감염증

나이에 상관없이 질 감염증에 걸릴 수 있다. 질이 감염되면 다양한 종류의 분비물이 나오게 되고, 다음 중 하나 이상의 증상이 나타날 수 있다.

- 걸쭉하고 덩어리진 흰색 분비물 또는 초록빛이나 어두운 노란색이나 갈색의 분비물이 나온다.
- 심한 가려움증이 동반된다.
- 씻고 난 후에도 질에서 심한 냄새가 난다.

- 질 입구나 소음순이 평소와 다르게 빨개진다.
- 씻거나 소변 볼 때 아프고 화끈거린다.

이런 감염증은 아주 흔하기 때문에 병원을 찾아 치료하면 된다.

방광과 요로 감염증

소변을 자주 봐야 하고 그럴 때마다 화끈거리는 느낌이 든다면, 혹은 소변에 피가 보인다면 항생제를 복용해야 하니 병원에 가서 처방을 받도록 한다. 물을 많이 마시고, 크랜베리 주스와 유산균이 살아 있는 플레인 요구르트를 먹으면 감염을 예방하는 데 도움이 된다. 성생활을 활발히 한다면 성관계 후에 즉시 소변을 보는 것이 좋다.

여자 성기 관리

노즐 같은 것으로 질을 씻어 내는 질 세척에 관해 들어 봤겠지만, 질 세척은 다음과 같은 이유로 그리 권장할 만한 게 아니다.

- 눈을 씻을 필요가 없듯이 질도 따로 씻을 필요가 없다.
- 질 자체에서 감염으로부터 자신을 보호하기 위한 천연 분비물을 만들어 낸다.

여러분은 그저 질 입구와 음순과 접혀 있는 부분들을 부드럽게 씻어 주기만 하면 된다. 그런 다음 확실하게 말리고 나서 깨끗한 면 속옷을 입는다. 면으로 된 속옷이 가장 좋다. 합성섬유로 된 속옷은 성기 부위에 박테리아를 끌어모아 염증을 유발할 수 있다. 게다가 면 소재로 된 옷은 우리의 몸을 숨쉬게 해 준다.

그리고 화장실에서 용변을 보고 휴지로 닦을 때는 앞쪽에서 뒤쪽으로 닦아야 한다는 점을 기억하도록 한다. 소변이나 질 분비물은 항문에 아무런 해를 끼치지 않지만, 각종 세균이 들어있는 대변이 질과 요도에 묻으면 감염을 일으킬 수 있다.

유방을 검진하는 시기는 월경 후 5일에서 7일 사이가 좋다. 이 시기에 부종이나 불편감이 가장 적고, 유방 내의 작은 병변이나 변화도 쉽게 알 수 있기 때문이다. 월경이 완전히 끊어진 이후에는 일정한 날을 정해 놓고 한 달에 한 번씩 정기적으로 검사하도록 한다.

유방 자가 검진 3단계

1단계 거울 앞에서 살펴보기

• 거울 앞에 서서 양쪽 유방 크기, 피부 색깔, 유두의 방향 등을 살핀다.

• 손을 머리 위로 올린 채 유방을 관찰하고 몸을 좌우로 돌리며 살핀다.

• 손을 허리에 얹고 어깨를 앞쪽으로 기울인 채 유방의 모양이 달라진 곳이 있는지 살핀다.

2단계 서거나 앉아서 손으로 검사하기

• 왼팔을 머리 뒤로 올리고 크림을 바른 오른쪽 세 손가락 끝마디 부분으로 겨드랑이 근처 유방의 가장자리에서 젖꼭지까지 달팽이집 모양을 그리며 시계 방향으로 쓸어내리거나 올리면서 유방 전부를 검사한다. 누르면서 만져지는 멍울이

나 부분적으로 두터워진 피부가 없는지 살펴본다(샤워 중에 하는 것이 가장 손쉬운 방법이다).

- 유두를 가볍게 짜서 분비물이 나오는지 살핀다.
- 반대편 유방도 같은 방법으로 검사한다.

3단계 누워서 만져 보기

- 가슴에 힘을 빼고 누워서 한쪽 팔을 올리고 반대 손가락으로 원을 그리거나 쓸어 올리거나 내리는 방법으로 유방 전체와 겨드랑이를 만져서 확인한다.

브래지어 바르게 착용하는 법

자신의 가슴에 맞지 않는 브래지어를 입거나 오랜 기간 잘못된 브래지어를 착용하면 가슴 모양에 변화를 줄 수 있으며, 가슴보다 작은 브래지어를 몸맵시를 위해 착용하다 보면 가슴 건강을 해칠 수 있다.

사이즈에 맞게 고르기

- 밑가슴 둘레가 큰 속옷을 착용하면 브래지어가 불편하고 티셔츠에 쓸려서 움직이는 것 같은 느낌이 든다. 훅이 잘 풀리기도 하니 이런 속옷은 몸에 맞지 않는 것이다. 단, 밑가슴 둘레를 하나 작은 것으로 바꿀 때마다 가슴둘레에 맞게 컵 사이즈는 하나씩 늘려야 한다(예: 75A → 70B → 65C).

- 전체적으로 밴드가 몸을 조이는 것 같으면서 훅을 끼우기가 쉽지 않다면 한 치수 큰 것으로 입는다. 반대로 밴드가 크면 어깨끈을 줄이는 바람에 밑가슴 밴드가 위로 들리면서 앞가슴을 압박하게 되어 답답함을 느낄 수도 있다. 이럴 땐 밑가슴 둘레를 줄이고 컵을 키워야 한다.
- 등살이 삐져나오는 것은 밴드가 작아서 그런 경우도 있지만 너무 헐렁해도 밴드 뒷부분이 어깨끈에 달려 올라가면서 머핀 윗부분처럼 등살이 쏠려서 삐져나온다.

체형에 맞게 고르기

사람마다 생김새가 다르듯 가슴 모양도 조금씩 다르다. 따라서 사이즈에 맞는 브래지어를 선택하는 것만큼 가슴 모양에 맞는 브래지어를 선택하는 것도 중요하다.

- 컵의 높이가 높고 비스듬한 것은 가슴 꼭짓점을 올려줘 처진 가슴을 커버할 수 있다.
- 가슴이 벌어진 편이면 겨드랑이 아래로 세로 와이어가 들어 있는 브래지어를 착용하는 것이 좋다. 벌어진 가슴을 충분히 담으려면 측정한 사이즈보다 여유 있는 컵 사이즈를 고르는 것이 도움이 된다.

이제 자신이 착용하고 있는 브래지어가 잘 맞는지 점검할 차례다. 허리를 숙여서 브래지어를 착용한 뒤 등과 겨드랑이부분부터 부드럽게 쓸어 모으듯이 살들을 컵 안에 담아서 입고 다음을 확인해 본다.

밴드(밑가슴 둘레, 사이즈의 숫자와 관련)

- 가장 바깥쪽 훅을 사용했을 때 밴드가 전체적으로, 혹은 등 쪽이 위로 올라가거나 밴드가 'ㅅ'자 모양으로 휘어진다면 밴드가 너무 커서 그런 것이니 사이즈를 줄인다.
- 가장자리에 구김이나 빈틈이 없어야 한다.
- 어깨끈을 걸지 않고 브래지어 훅을 앞쪽으로 해서 입었을 때 답답하거나(작은 경우) 흘러내리지(큰 경우) 않아야 한다.
- 와이어가 없는 브래지어를 착용할 경우, 유방 아래 부위에 눌린 자국과 착용 시 통증이 없어야 한다.

컵(사이즈의 알파벳과 관련)

- 브래지어 컵이 가슴 아래에서 움직이지 않아야 한다.
- 착용 후 겨드랑이 살이 튀어나온다면 컵이 작은 것이므로 컵 사이즈를 늘려서 착용한다.
- 컵 크기는 그대로 놔두고 밑가슴 둘레 사이즈만 조정하고 싶은 경우 밑가슴 둘레를 한 치수 줄일 때마다 컵 사이즈는 하나씩 늘려야 한다.
- 유두는 브래지어 컵의 꼭짓점 부위에 있어야 한다.

와이어(와이어가 있는 경우)

- 와이어가 가슴 살 위에 얹혀 있지 않고 가슴이 시작하고 끝나는 부분을 모두 감싸야 한다.
- 와이어 주변에 주름이 지지 않고 바로 서 있을 때 컵이 차되, 컵 라인 따라 튀어나오거나 흘러넘치면 안 된다.
- 와이어와 와이어를 이어주는 부분이 가슴 중앙 평평한 부분

에 밀착되어 있어야 한다.

- 와이어가 가슴 옆쪽을 파고드는 경우는 세탁 시 변형되었거나 와이어가 너무 좁아서 그런 경우니 컵 사이즈를 늘려 보거나 와이어가 넓은 제품을 착용한다.
- 컵 위나 옆으로 가슴이 눌린 것처럼 삐져나오거나 볼록 올라오는데 컵 중간 부분엔 공간이 남는다면 브래지어가 자신의 가슴 모양과 안 맞는 것이다. 와이어가 보다 넓은 브래지어를 찾아본다.

어깨끈(스트랩)

- 어깨를 파고들지 않는 선에서 어깨에서 흘러내리지 않도록 조절한다. 브래지어는 가슴을 받치는 것이지 끈으로 위에서 끌어당기는 속옷이 아니다.
- 어깨끈이 어깨를 파고들거나, 어깨끈을 헐렁하게 했을 때 가슴에 맞지 않는다면 밴드 사이즈를 줄인다.

브래지어의 수명이 다했을 때

- 새 속옷은 바깥쪽 훅부터 사용한다. 처음부터 안쪽 훅을 사용해야 하는 것이면 밑가슴 둘레가 너무 큰 것을 입고 있는 것이다. 속옷이 점점 늘어나면 안쪽 훅으로 이동하고 제일 안쪽 훅에 끼워도 클 정도로 늘어나면 속옷을 바꾼다.
- 속옷을 입고 밴드를 뒤로 당겼을 때 손가락 2~3개 정도가 들어갈 만한 공간이 생겨야 한다. 조금 더 늘어나도 상관은 없지만 뒤로 쫙쫙 늘어나면 속옷의 수명이 다했거나 맞지 않는 것이다.

- 어깨끈을 아무리 줄여도 자꾸 한 쪽씩 흘러내리면 바꿀 때가 된 것이다.
- 와이어가 있는 브래지어는 1년에 한 번씩 바꿔 주는 것이 좋다. 특히 가슴이 브래지어 와이어에 살짝 끼거나 붕 뜨는 느낌이 든다면 와이어에 변형이 생긴 것이니 브래지어를 새것으로 바꾼다.

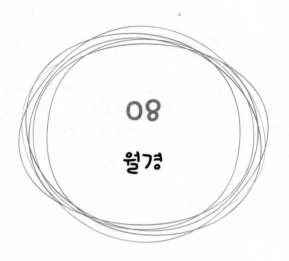

08

월경

사춘기 여자아이들에게 일어나는 가장 중요한 변화는 월경을
시작하는 것이다. 이때부터 주기적으로 월경을 하게 된다. 이
주기는 개인별로 차이를 보이지만 대개 25~35일이 걸리는
데 이것을 월경 주기라고 한다.

월경에 대해 다음 몇 가지는 꼭 기억해 두어야 한다.

• 월경을 한다고 해서 몸에 해가 되거나 병이 나지는 않는다.
• 여러분이 월경을 했는지 혹은 지금 하고 있는지 남들은 알
  수 없다.

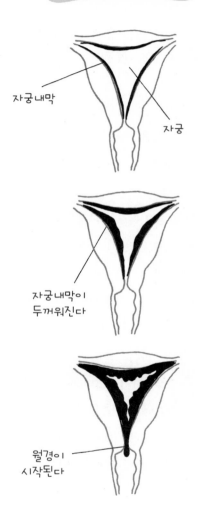

자궁내막

자궁

자궁내막이
두꺼워진다

월경이
시작된다

- 월경을 할 때도 평소처럼 목욕을 하고 머리를 감고 운동(수영까지도)을 할 수 있다.

월경의 원리

대부분의 여자아이들은 11~12세 즈음에 월경을 시작하는데, 이르면 9세에서 늦으면 17세쯤 월경을 하기도 한다. 아마 젖멍울이 나타난 지 2년 후나 음모가 생긴 지 1년 후에 첫 월경을 기대할 수 있을 것이다.

호르몬 분비에서 월경에 이르는 과정은 4장 '여자 성기관이 하는 일'에서 이미 설명했지만, 다시 한 번 자세히 살펴보기로 한다. 한 달에 한 번 우리의 뇌가 난소에 호르몬을 보내 난자들을 성숙하게 만들라고 지시한다. 이 일이 일어날 때 또 다른 호르몬인 에스트로겐이 난자를 담고 있는 작은 주머니를 성장시키기 시작한다.

여러 개의 난자들 중 하나가 에스트로겐의 영향으로 다른 것들보다 더 커진다. 그 난자가 충분히 성숙해지면 주머니를 빠져나와 나팔관으로 향한다. 그리고 나팔관을 통해 자궁으로 여행한다. 이 과정을 배란이라고 부른다.

그사이 또 다른 여성 호르몬인 프로게스테론(황체 호르몬이라고도 한다)은 자궁내막에 혈관과 조직과 액체들로 두툼하고 부드러운 쿠션을 만들라고 신호한다. 이것은 난자가 수정될 경우 아기가 잘 자랄 수 있도록 보호하고 영양분을 공급하는 둥지가 된다.

난자가 수정되지 않으면 이 쿠션은 허물어져 더 이상 필요 없는 자궁내막이나 혈액과 함께 자궁경관을 통해 질 밖으로 흘러나온다. 이 과정이 우리가 월경이라고 부르는 것이다. 월경이 끝나면 또다시 주기가 시작된다. 자궁내막이 다시 만들어지고, 난자들은 작은 주머니 안에서 다시 자라기 시작한다. 그리고 결국 난자 하나가 다시 배출된다. 이것이 바로 월경 주기다.

～～～～ 월경 주기 ～～～～

월경 주기는 25일이 될 수도 있고 길게는 40일이 될 수도 있다. 규칙적인 사람이라면 몇 달쯤 달력에 표시하다 보면 다음 월경 날짜를 예상할 수 있다.

월경 시작 첫날부터 끝나는 날까지 X 표시를 해 보자. 다음 달에도 똑같이 표시한다. 시간이 지나면 그 표시한 날들 사이에 패턴이 나타날 것이다. 월경 첫날부터 다음 월경 첫날까지 계산한 게 바로 월경 주기다. 예를 들어 화요일에 월경을 시작했는데 4주 후 화요일에 다시 월경을 한다면 여러분의 주기는 28일이다. 인터넷에서 월경 주기 체크 달력을 다운로드하여 활용하면 쉽게 기억할 수 있다. 산부인과 관련 검진을 받을 때 의사는 항상 지난번 월경을 시작한 첫날이 언제였느냐고 물어볼 것이다.

월경통이나 월경 전 증후군이 있을 때 그걸 달력에 표시해 놓으면 필요한 것을 준비해 놓을 수 있다는 이점도 있다.

처음 월경을 시작할 때는 주기가 규칙적이지 않을 수도 있다. 한 달을 건너뛰는 경우도 있다. 월경이 규칙적인 사람도 살이 많이 찌거나 혹은 빠지거나, 아프거나, 여행을 하거나, 심하게 운동할 때는 주기가 변할 수 있다.

하지만 어느 정도 시간이 지나면 대부분은 월경 주기가 규칙적으로 자리를 잡는다. 6개월이 지났는데도 여전히 불규칙하다면 의사에게 진찰을 받아 보는 게 좋다.

월경혈의 양

월경을 할 때 나오는 피의 색은 붉은색, 암적색, 분홍색, 갈색

등으로 다양한데, 거기에 난자가 보이지는 않을 것이다. 난자의 크기가 매우 작을 뿐 아니라 이미 분해가 시작된 상태이기 때문이다. 월경을 하는 동안 피가 조금씩 흐를 때도 있고 왕창 쏟아지는 것처럼 느껴질 때도 있다. 이 양에 대해서는 조절할 방법이 없다.

보통 처음 하루 이틀은 양이 많고 그 후에 점점 줄어든다. 하루 종일 피 한 방울 보이지 않다가 다음 날 약간 묻어날 수도 있다. 이럴 때는 팬티라이너가 좋은 해결책이다.

초경 전 준비사항

여러분이 아직 월경을 시작하지 않았더라도 어떤 생리대를 사용할 것인지 미리 생각해 두는 것이 좋다. 그리고 이미 월경을 시작했다면 한동안은 주기가 불규칙할 수 있으니 생리대를 가방에 늘 가지고 다니거나 사물함 등에 넣어 두도록 한다. 여자 화장실에도 생리대를 판매하는 자판기가 있고, 학교 보건 선생님도 비상시를 위해 구비해 놓았을 것이다. 아무리 찾아봐도 생리대가 없다면 임시방편으로 휴지를 몇 장 접어 속옷 안에 덧대어 놓는다.

월경 시에 피가 옷 밖으로 새어 나오더라도 당황할 필요가 없다. 스웨터나 추리닝 상의를 허리춤에 묶거나, 급할 때 갈아입을 수 있도록 사물함에 여벌 속옷을 넣어 두면 도움이 된다. 치마나 바지도 여분으로 넣어 두면 안심이 될 것이다. 핏자국을 없앨 때는 반드시 찬물에 담가 빨아야 한다. 따뜻한 물에 담그면 옷에 피 얼룩이 배게 된다. 하지만 생리대를 자주 갈아 주면 이런 불상사는 별로 없을 것이다.

생리대의 종류

여성용 공중 화장실에는 대부분 생리대나 탐폰, 팬티라이너를 버릴 수 있는 별도의 쓰레기통이 마련되어 있다. 변기에 버리면 하수구가 막힐 수 있으니 사용한 생리대는 휴지에 잘 싸서 쓰레기통에 버린다.

일회용 패드형 생리대

패드형 생리대는 팬티 사타구니 부분에 딱 맞도록 만들어져 있다. 접착 테이프를 떼어 붙이면 그 자리에 고정이 된다. 뒷면에만 접착 테이프가 있는 생리대도 있고, 더 확실하게 고정되도록 양옆에 접착용 날개가 달린 생리대도 있다. 접착 테이프 위에 덮인 종이를 벗긴 다음 생리대를 붙이려는 자리에 꾹

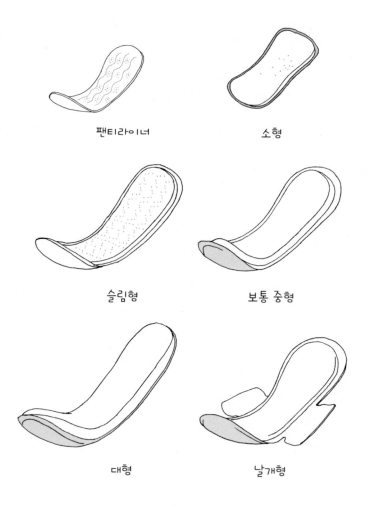

일회용 패드형 생리대 종류

팬티라이너

소형

슬림형

보통 중형

대형

날개형

누른다. 생리대가 어느 정도 젖으면 떼어 내 휴지에 잘 싸서 쓰레기통에 버린다.

대부분의 여자들은 패드형 생리대를 선호한다. 사용이 간편하기 때문이다. 월경 양이 어느 정도인지 확인할 수도 있고, 질에 자극을 가하지 않아서 감염될 염려도 없다.

시중에 양이 많은 날 사용할 수 있는 대형부터 양이 적은 날 사용할 수 있는 소형까지 다양한 크기와 모양의 패드형 생리대들이 판매되고 있으니 이런저런 생리대를 사용해 보고 자신에게 맞는 것을 선택하도록 한다.

탐폰

양이 가장 많은 날 패드형 생리대와 탐폰을 둘 다 쓰는 사람도 있다. 여기서 한 가지 짚고 넘어갈 것은 탐폰을 사용한다고 해서 질 입구가 손상되지는 않는다는 사실이다! 탐폰은 질에 직접 끼워 넣는 방식의 생리대로, 탐폰을 질 안쪽으로 밀어 넣으면 질 내벽의 근육이 탐폰을 조여 고정시킨다. 탐폰을 끼웠을 때 몸 밖으로 나오는 실이 달려 있어 꺼내기 쉽도록 되어 있다.

어떤 십대 여자아이들은 월경을 시작하자마자 탐폰을 사용한다. 건조한 상태를 유지할 수 있고, 어떤 옷을 입어도 표시

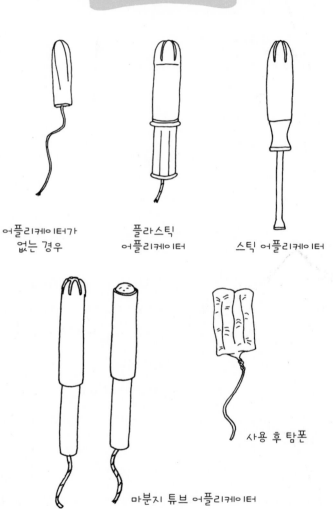

탐폰의 종류

어플리케이터가
없는 경우

플라스틱
어플리케이터

스틱 어플리케이터

마분지 튜브 어플리케이터

사용 후 탐폰

가 나지 않으며, 수영장에도 들어갈 수 있다는 장점 때문이다.

일회용 패드형 생리대와 마찬가지로 탐폰도 여러 종류가 판매되고 있다. 주니어용도 있고 대형도 있으며, 탐폰에 부착된 어플리케이터의 종류도 다양하다.

- 마분지 어플리케이터
- 플라스틱 어플리케이터
- 스틱 어플리케이터
- 어플리케이터가 없는 탐폰도 있다. 이 경우에는 손가락으로 탐폰을 밀어서 집어넣는다.

처음 사용이라면 어플리케이터가 달려 있고 두께가 가장 가는 탐폰이 좋다. 끝부분이 동그란 플라스틱 어플리케이터가 가장 인기가 좋다. 여기에 익숙해지면 더 큰 탐폰이나 손가락으로 밀어 넣는 타입을 시도해 본다.

처음 탐폰을 사용한다면 다음과 같이 해 보자.

먼저 포장지를 뜯는다. 엄지와 중지로 가운데를 잡고, 집게손가락으로 어플리케이터를 앞뒤로 미는 연습을 한다. 상자에 들어 있는 설명서를 읽어 보고, 그림도 잘 들여다본다. 그런 다음 변기에 앉은 상태로 탐폰을 끼울 것인지, 변기에 한

발을 대고 선 상태로 끼울 것인지, 아니면 누워서 끼울 것인지를 결정한다. 이때 지나치게 긴장을 해서는 안 된다! 긴장을 푸는 게 가장 중요하다.

탐폰 사용법과 주의할 점을 다시 정리해 보자.

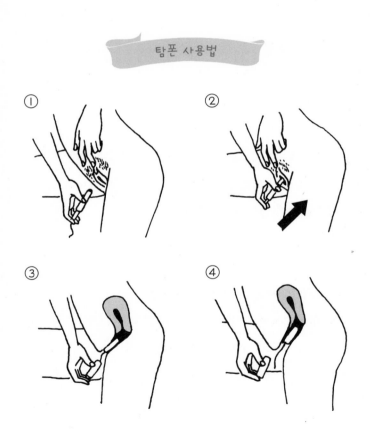

탐폰 사용법

① ② ③ ④

- 손을 깨끗하게 씻는다.

- 포장지가 찢어진 탐폰은 절대로 사용하면 안 된다.

- 어플리케이터 바깥쪽으로 줄이 매달려 있어야 한다.

- 탐폰 끝부분에 K-Y 젤이나 바셀린 같은 윤활제를 약간 발라 주면 더 쉽게 질 속으로 미끄러져 들어간다.

- 탐폰을 들지 않은 손으로 질 입구를 찾아 손가락으로 벌린다. 필요하다면 손거울에 비춰 본다.

- 심호흡을 하여 몸의 긴장을 풀고 어플리케이터 끝부분을 약간 비스듬하게 질 안쪽으로 밀어 넣는다. 아프지는 않을 것이다.

- 손가락이 살에 닿을 때까지 어플리케이터를 갖다 댄 다음 탐폰이 질 속으로 다 들어갈 때까지 어플리케이터 안쪽에 있는 튜브를 집게손가락으로 밀어 넣는다.

- 어플리케이터를 빼서 쓰레기통에 버린다.

- 탐폰 줄이 잘 매달려 있는지 확인한다.

- 탐폰을 끼웠다는 느낌이 없어야 한다. 뭔가 이질감이 있다면 충분히 안으로 삽입되지 않은 것이다. 손가락을 이용해서 더 안쪽으로 밀어 넣거나 새것으로 갈아 끼운다.

- 다 끝난 후에는 다시 손을 씻는다.

- 탐폰을 뺄 때는 긴장을 풀고 앉아서 줄을 잡아당겨 뺀 다음

휴지에 잘 싸서 쓰레기통에 버린다.

처음에 탐폰이 잘 들어가지 않는다고 해서 실망할 필요는 없다. 손가락이나 어플리케이터가 질을 찌른 것 같더라도 걱정할 것 없다. 어떤 피해도 생기지 않았을 것이다. 몇 번 연습해 보면 금세 익숙해진다. 탐폰을 몸에서 꺼내지 못하는 일은 없을 테니 걱정하지 않아도 된다.

월경 양이 적으면 3~4시간에 한 번씩, 양이 많으면 2시간에 한 번씩 생리대나 탐폰을 바꾸어 준다. 1시간에 한 번씩 갈아야 할 정도로 양이 많은 상태가 몇 시간 이상 지속된다면, 또는 밤에 자다가도 일어나 생리대를 갈아야 한다면 양이 너무 많은 것이니 병원에 가 보도록 한다. 아무리 해도 탐폰이 들어가지 않을 때도 의사의 진찰을 받아 보도록 한다.

대안 월경 용품

요즘은 일회용 생리대가 아닌 대안 생리대를 구매해서 사용하거나 직접 만들어서 활용하는 사람들이 늘어나고 있다. 화학물질을 사용하지 않기 때문에 월경혈에서 냄새가 나지 않는 등의 장점이 있어 조금씩 사용자가 늘어나는 추세다.

패드형 면 생리대 면으로 만들어 빨아서 계속 사용할 수 있는 생리대다. 직접 만들어 쓸 수도 있고 완제품 구입도 가능하다. 겉감과 안감이 분리된 형태와 결합된 형태가 있고, 두껍게 만들거나 방수천을 덧대는 방식 등 다양하다. 팬티에 고정하도록 날개와 똑딱단추도 달려 있어 활동하는 데 지장이 없다. 쓰고 난 생리대는 2~3시간 찬물에 담가 두었다가 다른 빨래들과 함께 빨면 되므로 크게 번거롭지 않다.

삽입형 대안 생리컵 작은 깔때기처럼 생긴 생리컵을 접어 질에 삽입해 월경혈을 받아 내는 방식이다. 생리컵, 혹은 키퍼라고 부른다. 천연 고무로 만든 것과 실리콘 재질로 된 것이 있다. 생리컵은 12시간 정도 착용이 가능한데, 월경혈이 차면 꺼내서 월경혈을 따라 내고 다시 잘 씻어서 사용한다. 씻어서 사용하기 불편할 때는 여분을 가지고 다니다가 교체해 준다. 한 번 구입하면 몇 년간 쓸 수 있지만, 고무 재질은 뜨거운 물이나 비눗물 등에 약하므로 관리에 주의해야 한다. 외부 활동이 많은 날에는 월경혈이 조금씩 샐 수 있으므로 팬티라이너 등과 함께 착용한다.

천연 해면 해면을 물에 넣고 흠뻑 적셔서 부드럽게 만든 다음, 물기를 꼭 짜내 질 내부에 삽입하고 사용 후 해면을 꺼내 물로 씻어 낸다. 탐폰처럼 쉽게 꺼낼 수 있도록 치실을 달아 사용하기도 한다. 치실이 불안하게 느껴진다면 세 줄을 땋아서 두툼하게 만들면 된다.

팬티라이너

팬티라이너는 매우 얇고 가벼워서 거의 착용한 게 느껴지지 않을 정도라는 점을 제외하면 패드형 생리대와 비슷하다. 팬티라이너는 이럴 때 유용하다.

- 월경혈의 양이 적을 때
- 월경이 시작될 것 같은 느낌이 들 때
- 탐폰을 했는데도 새어 나올까 봐 걱정될 때. 탐폰을 정확히 삽입했더라도 약간 새어 나올 가능성은 있다.
- 월경이 끝났는지 확실하지 않아서 안전을 기해야 할 때

팬티라이너도 크기와 모양과 흡수력이 다른 몇 가지 타입이 있지만, 패드형 생리대나 탐폰만큼 다양하지는 않다.

생리대 선택

패드형 생리대, 탐폰, 팬티라이너 중에서 굳이 하나를 선택할 필요는 없다. 월경 양이 아주 많을 때는 탐폰과 생리대를 둘 다 사용할 수 있다. 양이 들쭉날쭉하면 몇 가지 타입의 생리대와 탐폰을 구비해 놓고 양에 따라 그때그때 바꿔 사용하면 된다.

패드형 생리대, 탐폰, 팬티라이너 모두 탈취용 향이 포함된 것과 그렇지 않은 것이 있다. 향이 포함된 생리대는 사용된 화학물질들이 피부를 자극하여 알레르기 반응을 일으킬 수 있다. 피부 자극이나 알레르기 반응이 일어나지 않는다면 사용해도 괜찮지만, 꼭 그런 제품을 사용해야 하는 것은 아니다! 매일 깨끗하게 씻어 주고, 잘 말리고, 깨끗한 속옷을 입고, 자주 생리대나 탐폰을 갈아 준다면 불쾌한 냄새가 나지 않을 것이다. 탐폰을 한 상태로 소변을 볼 때는 줄이 젖지 않도록 한쪽으로 잡고, 줄이 젖었을 때는 휴지로 닦는다.

생리대 교체 시간

생리대를 교체 횟수는 월경혈의 양에 따라 달라진다. 하지만 청결을 유지하고 피가 새는 불상사를 막으려면 3~4시간에 한 번씩 갈아 주는 게 좋다. 그리고 사용한 생리대나 탐폰, 팬티라이너는 휴지에 잘 싸서 쓰레기통에 버린다. 절대로 변기에 넣고 물을 내려서는 안 된다. 물에 넣어도 된다고 광고하는 제품도 있지만, 그런 제품도 하수구를 막아 버릴 수 있다.

병원에 가야 할 경우

월경과 관련해서 일상생활에 방해가 될 정도로 심각한 문제가 있을 때는 병원에 가야 한다. 월경 시 다음과 같은 문제들이 나타날 수 있다.

- 월경통: 월경통이 매우 심할 때
- 월경 과다: 월경혈의 양이 너무 많거나, 월경 기간이 일주일 이상 지속되거나, 월경 주기가 21일보다 짧거나, 덩어리진 피가 나올 때
- 무월경: 월경이 어느 순간부터 갑자기 중단되거나, 젖가슴이 나온 지 2년이 지났는데도 월경을 하지 않을 때. 이미 초경을 했더라도 스트레스, 체중 감소, 갑상선 질환이나 다른 의료적인 문제들로 인해 월경이 중단될 수 있다.
- 월경 전 증후군: 월경을 시작하기 전에 겪게 되는 갖가지

증상을 월경 전 증후군이라고 한다. 심하게 기분이 오락가락하거나, 신경이 예민해지거나, 긴장되거나 불안하거나, 화가 나거나 슬프거나, 폭식을 하게 되거나, 유방에 통증이 느껴지는 등의 증상이 나타날 수 있다. 많은 여자들이 이런 월경 전 증후군을 앓고 있다. 증상이 심각할 때는 병원에 가 보도록 한다.

독성 쇼크 증후군

탐폰을 6시간 이상 끼고 있지 않도록 한다. 독성 쇼크 증후군이 나타날 수 있기 때문이다. 드물긴 하지만 심각한 감염을 일으킬 수 있다. 탐폰을 끼든 안 끼든 누구에게나 독성 쇼크가 발생할 수 있는데, 탐폰을 사용하는 여자들이 더 자주 겪는 것으로 알려져 있다. 갑작스러운 고열, 저혈압, 구토나 설사, 발진, 근육통, 발작, 두통 등의 증상이 나타난다.

독성 쇼크가 일어나는 경우는 아주 드물고, 아래 나와 있는 내용들을 잘 따른다면 얼마든지 피할 수 있다.

- 탐폰을 끼우기 전이나 질에 손가락을 넣기 전에 항상 손을 깨끗이 씻는다.
- 손톱을 짧게 자르고 매끄럽게 다듬는다.

- 낮에는 탐폰을 사용하고 밤에는 생리대를 사용한다.
- "흡수력 강한" 탐폰은 사용하지 않는다. 양이 아주 많지 않다면 "얇거나" "일반적인" 탐폰을 사용하는 것이 좋다.
- 적어도 6시간에 한 번씩 탐폰을 갈아야 한다.
- 양이 적을 때는 패드형 생리대로 교체한다.

─────── 수정과 임신 ───────

자궁으로 헤엄쳐 간 정자가 성숙한 난자를 만나 수정하여 난자가 자궁벽에 달라붙으면 월경 주기는 중단된다. 임신을 한 것이다.

성관계를 했는데 월경을 하지 않는다면 최대한 빨리 임신 여부를 확인해야 한다. 아직 월경을 한 적이 없더라도, 음경과 질이 만나는 성관계를 했다면 임신이 될 수 있다. 난자가 배출이 됐는데 여러분이 그걸 아직 모르는 것일 수도 있기 때문이다. 따라서 아직 월경을 시작하지 않았더라도 성관계시에는 꼭 콘돔을 사용하도록 한다.

임신 예방에 관한 정보는 12장 '십대 임신과 피임'에 더 자세히 나와 있다.

일단 월경을 시작하면 40세 이후까지 규칙적으로 월경을 하
게 된다. 그러다 50세 전후가 되면서 성 호르몬 수치가 떨어
져 월경 주기가 불규칙적으로 변하는데, 이 시기를 '완경 이행
기'라고 부른다.

이때도 호르몬 분비가 급격하게 변화하기 때문에 사춘기와
마찬가지로 신체적, 정신적 변화가 있을 수 있다. 완경 이행기
의 여성들 중에는 신체 컨디션과 면역력 저하, 정신적으로는
신경이 예민해지고 의욕이 줄거나 감정기복이 심해지는 등의
완경기 증후군을 겪기도 한다. 난포호르몬의 분비 감소로 인
해 우울증을 겪는 경우도 있다.

평균적으로 만 51세 전후가 되면 월경이 완전히 끊어진다.
나이가 들어 에스트로겐 수치가 감소하면서 더 이상 성숙한
난자를 만들어 내지 못하기 때문이다.

그 후로 1년간 월경이 없으면 월경이 중단되었다고 볼 수
있다. 이 시기를 '갱년기' '폐경' 등으로 부르기도 하지만, 여
성이 끝난 것이 아니라 완전해졌다는 의미로 '완경'이라고
한다.

보통 완경이 되면 여성호르몬이 분비되지 않는다고 생각하

는 경우가 많다. 물론 여성호르몬이 이전보다는 감퇴하지만 그와 동시에 남성호르몬이 증가하기 때문에 남성성과 여성성이 균형을 이루는 평온한 시기가 된다.

PART 3

십대 성 배우기

09
성적 욕망과
성관계

선천적으로 인간은 모두 성적인 존재로 태어난다. 그리고 죽을 때까지 성적인 존재로 살아간다. 성은 인간이 누릴 수 있는 가장 아름다운 부분 중 하나다.

사춘기가 되면 가치관과 생각과 감정만이 아니라 성적인 욕망에 이르기까지 자신의 모든 측면을 인간관계에 적용하는 방법을 배우게 된다. 그것이 부분적으로 그 사람의 정체성을 형성하게 된다.

자신의 성을 이해하고 거기에 익숙해지는 것은 평생 이어지는 과정이며, 성격과 생각을 가다듬는 것만큼 중요한 일이기도 하다. 몸이 성숙해지면 성적인 욕망으로 인해 다른 사람과 즐거움을 주고받을 수 있고 아기도 가질 수 있다.

성이란 스킨쉽이나 성관계만이 아니라 생각이나 환상, 느낌과도 연결되어 있다. 끌리는 사람을 보고 자극을 받으면 흥분이 일어나고 야릇한 생각을 하게 되는 것, 마음에 드는 누군가와 키스하고 껴안고 바짝 붙어 춤을 추고 싶어지는 그런 것들이 모두 성적으로 일어나는 느낌들이다.

키스나 애무 같은 성적인 행위와 성관계는 대단히 중요하고 너무나 아름다울 수 있는 잠재력을 지니고 있다. 하지만 다른 한편으로는 육체적으로나 감정적으로 큰 해를 끼칠 수도 있다. 그러므로 아무런 생각 없이 이런 행위나 관계로 들어가서는 안 된다.

성관계를 할 때 여러 기쁨을 느낄 수도 있고 복잡한 일들이 일어날 수도 있다. 남은 평생 여러분에게 영향을 미칠 수 있는 성 매개 감염증에 걸리거나, 임신하거나, 다른 사람을 임신시킬 수도 있다. 제대로 알지 못하거나, 믿을 수 없거나, 그리 오래 같이하지 못할 사람과 엮이게 되면 마음에 상처를 입게 되는 정서적인 위험도 있다. 고등학교 시절에 사귄 연인들이 오래가거나 때로 평생 이어질 수도 있지만 한순간의 짧은 만남으로 끝나는 경우가 더 많다는 사실을 기억해야 한다.

가끔 젊은 여자들을 만날 때 남자와 처음 관계를 어떻게 맺게 되었느냐고 묻곤 한다. 그런데 놀랍게도 많은 여자들이 이런 식으로 대답한다. "모르겠어요. 그냥 그렇게 됐어요!" 여러분의 첫 경험이 "그냥 그렇게 일어나길" 바라는가? 그렇지는 않을 것이다. 불편하고 공허한 경험보다는 중요하고 아름다운 경험으로 기억하는 편이 더 낫지 않겠는가? 첫 경험은 특별해야 한다. 물론 처음에는 다소 어리둥절하고 불편하게 느껴지겠지만, 시간이 흐르고 좀 더 성숙해지면 근사한 성 경험을 할 수 있을 것이다. 그런 경험을 아무렇게나 포기하지 않기 바란다.

─── '안 하는 것'도 한 방법 ───

십대들에게도 '성'은 자아가 깃든 몸과 직결되는, 자신의 것이다. 그렇기 때문에 상대에게 맞춰 주려고, 혹은 남들 눈치나 분위기를 타기 보다는 십대 스스로가 자신의 '성'과 '성관계' 등에 대해 생각하고 결정할 시간이 필요하다. 그 과정에서 정보들과 어른들의 의견을 참고할 수 있다.

여러분이 할 수 있는 일 중에서 가장 안전하고 똑똑한 일은 기다리는 것이다. 이 기다림을 '절제'라는 말로 표현하기도 하는데, 절제한다는 것은 기다린다는 뜻이다. 말하자면 시작을 미루는 것이다.

여기에는 사랑하는 사람과 충분한 신뢰가 쌓일 때까지 기다리는 수준의 절제부터 결혼하기 전에는 성관계를 하지 않는 수준의 절제까지, 자신의 가치관에 따라 이 기다림을 선택하고 결정할 수 있다. 당장 결정을 내리기 어렵다면 자신의 일을 내가 아닌 남에 의해 충동적으로 시작하지 않도록 성관계를 그때까지 미루기로 결정할 수도 있다. 또 자신이 실천할 수 있는 수준과 목표가 다를 경우 시간을 두고 점차로 맞춰 나갈 수도 있다.

기다림에는 긍정적인 측면이 많다. 임신하게 되거나 혹은 상대를 임신시키게 될까 봐 걱정할 필요가 없다. 에이즈나 다른 성 매개 감염증에 걸릴까 봐 두려워할 필요도 없다. 데이트하러 갈 때마다 오늘 해야 할까 말아야 할까 고민할 필요도 없다. 자신의 가치관을 지키며 살아간다는 사실에 기분이 좋아지기도 한다. 기대할 무언가가 생기고, 성관계 이외의 다른 아름다운 로맨스의 측면들을 한껏 즐길 수도 있다.

사실 성관계를 할 준비가 될 때까지 기다리면 훨씬 근사한 경험을 할 수 있다. 왜 그럴까? 믿을 수 있는 사람과 성관계를 할 때 거리낌 없이 자유로울 수 있기 때문이다. 몸과 마음이 결합하면서 성적인 흥분이 일어나는 것인데, 기다렸다가 하면 이런저런 불필요한 걱정들이 성적 쾌감과 즐거움을 방해하지 않는다. 깊은 생각 없이 저질러 버릴 때는 자신이 하고 있는 그 일이 신경 쓰이고 남의 눈을 의식하게 된다. 당황스럽고 긴장된다. 나쁜 병에 걸리면 어쩌나, 이 사람을 정말 좋아하고 있는 걸까, 임신하게 되지는 않을까 하는 불안한 생각들이 문득문득 치밀어 오른다.

그런 생각들은 흥분을 유지하거나 오르가슴을 느끼는 데 방해가 된다(오르가슴을 느낄 때 여자는 생식기 주위의 근육이 리드미컬하게 수축하고 남자는 사정을 한다). 그중에서도 가장 큰 문제는 적당한 시기에 제대로 된 사람과 성관계를 하게 될 때까지 기다렸을 경우에 느끼게 될 만족감이 크게 훼손될 것이라는 점이다.

'혼전 순결' 서약?

종교적인 믿음을 갖고 있는 사람들은 아마 순결의 가치를 배웠을 것이다. 젊은 신도들에게 결혼하기 전까지 성관계를 하지 않겠다는 "순결 서약"을 요구하는 종교 집단도 있다.

자신이 어떤 가치관에 의해 자랐고 어떤 가치관을 갖고 있는지 생각해 본다. 특히 사춘기 즈음부터는 자신의 가치관과 그것이 의미하는 바에 대해, 그리고 그것이 자신에게 어떤 의미인지 많이 생각해 보아야 한다. 가치관을 지키며 살아가려면 그것이 온전히 자신의 것이어야 한다. 단순히 어른들이 그렇게 말했다는 이유로 따르는 가치관이라면 아직 자신의 것이 되지 못했다고 봐야 할 것이다.

모두에게 필요한 성 지식

성관계를 한 적이 없더라도, 순결 서약을 했더라도, 어떻게 임신이 되고 성 매개 감염증을 예방하려면 어떻게 해야 하는지에 대한 지식은 갖추고 있어야 한다. 그것은 여러분이 기본적으로 알아야 하는 상식으로, 아직 모른다면 이제라도 배워야 한다. "아는 것이 힘"이라는 말은 아주 현명한 말이다. 무언가에 대해 많이 알고 이해할수록, 필요할 때 확실하게 그 순간을 통제할 수 있을 것이다.

〰〰〰 성적 흥분 〰〰〰

우리가 성적으로 흥분하면 어떤 일이 벌어질까? 키스에서 성관계에 이르기까지 어떤 식으로든 성적인 경험을 하면 우리 몸에는 뚜렷한 변화가 나타난다.

첫 단계는 사실 정신적인 것이다. 인간의 가장 큰 성기관은 뇌라는 말이 있듯이, 어떤 사람에게 얼마나 끌리고 그 사람과 성적인 행위를 시작할 때 어떤 느낌이 드는지 이런 모든 전반적인 기분이 뇌와 연결되어 있다.

진짜 흥분을 느끼면 뇌가 신체 여러 기관에 메시지를 보낸다. 혈압이 오르고, 심장 박동이 빨라지고, 생식기에 피의 흐름이 많아진다. 심지어 피부도 더 민감해진다. 남자는 발기가 되고, 여자는 질이 촉촉해지면서 질 관이 확장된다(신체 성기관에 대한 설명은 3장 '남자 성기관이 하는 일'과 4장 '여자 성기관이 하는 일'에 나와 있다). 또한 여자는 클리토리스가 커지고 유두가 단단하게 솟아오른다. 보통 '절정(오르가슴)'에 도달하거나 성행위를 중단할 때까지 한동안 이런 성적인 흥분 상태가 유지된다. 앞에서도 말했지만 흥분이 느껴지지 않는다면 그 행위를 그만두는 게 맞다. 그것은 상대나 시기가 맞지 않는다는 뜻이기 때문이다.

성적 판타지 혹은 성적 공상

사랑을 나누거나 자위를 할 때 매력을 느끼는 사람이나 섹시한 행동에 대해 성적인 공상을 한다. 이것을 성적 판타지라고 한다. 성적인 공상을 한다고 해서 죄책감을 느낄 필요는 없다.

전혀 잘못된 게 아니기 때문이다. 오히려 자신이 무엇에 흥분하는지 아는 기회가 될 수 있다.

<hr />

자위행위

자위행위는 성적인 욕망을 표현하는 자연스럽고도 안전한 방법이다. 많은 사람들이 젊었을 때 자위라는 행위를 알게 된다. 때로는 아기도 자위를 한다. 그러니까 세상에서 혼자만 자위를 한다거나 그런 행위를 하는 스스로가 이상하다는 식으로 생각하지 않는다. 그리고 남자는 잘 모르겠지만, 사실 여자도 자위를 한다. 할아버지와 할머니도 마찬가지다. 나이가 들었다고 해서 성적인 욕망이 사라지는 것은 아니니까.

남자의 자위

남자는 음경을 어루만지거나 문지르는 식으로 자위를 한다. 침대나 베개를 이용하거나 성적인 쾌감이 느껴질 때까지 공상에 빠져든다. 정자가 생길 나이에 일정 시간 자위를 계속하면 사정으로 이어질 수 있다(보통 11세에서 16세 사이에 처음 사정을 한다). 대부분의 남자아이들은 자위를 하다가 사정을 경험한다.

자위는 성적인 긴장감을 혼자 풀 수 있는 방법이며, 여러분의 몸이 성적으로 어떤 행위를 즐기는지 알아낼 수 있는 안전한 방법이다. 그리고 자위 때문에 정자가 바닥나는 일은 없으니 걱정하지 않아도 된다. 자위를 한다고 해서 운동 능력이 떨어지는 것도 아니고, 성인이 되어 성관계를 한다고 해서 자위를 그만둬야 하는 것도 아니다. 또한 흥분을 느끼고 발기된 후에 사정을 하지 않더라도 전혀 위험하지 않다. 그저 음경이 원래 상태로 되돌아갈 뿐이다.

여자의 자위

여자도 남자와 같은 이유로 자위를 한다. 여자는 클리토리스와 그 부근과 질 안쪽을 마찰하는 방식으로 자위를 한다. 손을 사용할 수도 있고, 바이브레이터라는 도구를 사용할 수도 있으며, 단단한 무언가에 대고 문지르기도 한다. 남자처럼 정자를 배출하지는 않지만 여자도 오르가슴을 느끼고 오르가슴을 느낄 때 분비물이 나오기도 한다. 이 분비물은 소변과는 다른 것이다.

안 하거나 과하거나

그렇다고 모든 사람이 자위를 하는 것은 아니며, 가족이 그것을 못마땅해하는 경우도 있다. 이럴 때는 가족의 감정에 어느 정도 신경 쓰고 주의할 필요가 있다. 하지만 한 가지 분명히 알아 두기 바란다. 자위가 정신적으로나 신체적으로 손상을 일으킬 수 있다는 의학적 증거는 전혀 없다는 사실을 말이다.

하지만, 세상 모든 게 그렇듯이 자위도 지나쳐서는 안 된다. 하루 종일 그 생각밖에 나지 않거나, 하루에 몇 번씩 하게 되거나, 너무 자주 해서 학교생활이나 일상생활, 가족이나 친구들과의 관계에 방해가 될 정도라면 분명 문제가 있다. 위에 언급한 일들이 발생하거나 자위를 하고 나서 자신에 대한 혐오감이나 죄책감이 느껴진다면 왜 그런 감정이 생기는지 생각해 보아야 한다. 그게 정말 자신의 감정인가, 아니면 다른 사람들로부터 강요당한 것인가? 이럴 때는 부모님이나 상담 선생님, 성직자, 의사에게 상담을 요청한다.

간접 성관계와 애무

직접적으로 성관계를 하지 않고 키스나 애무 등의 비교적 가벼운 성적 접촉을 간접 성관계라고 한다.

이렇듯 간접 성관계는 성기를 삽입하지 않고 즐기는 행위를 말한다. 가벼운 입맞춤이 프렌치 키스(혀를 사용하는)로 이어지거나 키스에서 가슴을 어루만지는 애무로 넘어가기도 한다. 그러나 간접 성관계는 성관계와는 엄연히 다르다. 단적인 예로 누군가의 가슴이나 성기를 손으로 만진다고 해서 임신이 되지는 않는다. 하지만 아무리 그렇더라도 진한 키스와 애무에는 여전히 강력한 감정이 동반되기 마련이고, 상대가 성병에 감염된 사람이라면 생식기에 손이나 입이 닿는 것으로도 성 매개 질환이 전염될 수도 있다.

오럴 섹스

'성관계' 혹은 '섹스'에 대한 의학적인 정의는 생식기의 접촉이다. 생식기에 손이 닿든, 입이 닿든, 생식기끼리 서로 닿든, 생식기에 접촉이 이루어지는 것이다.

오럴 섹스는 상대의 오르가슴을 유도하고 성적으로 흥분시키려는 의도로 상대의 생식기에 입이나 입술, 혀를 대는 행위다. 입으로 여성의 음부와 클리토리스를 애무하는 행위를 전문 용어로 '커닐링거스'라고 하고, 남성의 음경을 입으로 자극하는 행위를 '펠라티오'라고 한다. 오럴 섹스를 "입으로 하기" "구강 성교" "무릎 꿇고 하는 것"이라고 표현하기도 한다. 어쨌거나 오럴 섹스도 성관계로 간주된다.

오럴 섹스가 순결을 지키고 임신을 걱정할 필요가 없는 좋은 방법이라고 믿는 사람들이 있다. 또 어떤 사람들은 오럴 섹스를 하면 성 매개 감염증에 걸리지 않을 거라고 생각한다. 하지만 이건 사실이 아니다. 오럴 섹스를 해도 에이즈, 헤르페스, 클라미디아, 임질, 트리코모나스증에 걸릴 수 있다(13장 '성 매개 감염증' 참조). 또한 감정적으로 가깝게 느껴져서 상처받기 쉬운 상태가 되기도 한다. 성 매개 감염증에 걸리지 않으려면 콘돔을 끼고 펠라티오를 하거나 "덴탈 댐(dental dam, 성병 예방용 얇은 고무막으로, 이것을 여성의 음부에 덮어 사용한다)"을 한 상태로 커닐링거스를 해야 한다.

오럴 섹스는 성관계가 아니라고 주장하는 사람들의 말에 속으면 안 된다. 그것은 분명 성관계다. 여자아이들과 이야기를 해보면 일부는 그게 처녀성을 유지할 수 있는 방법이라고 생각해서 데이트 상대에게 오럴 섹스를 해 주는 경우도 많다고 한다. 하지만 그걸 하고 나면 대부분 기분이 나빠졌다고 말했다. 행위 자체만이 아니라 자기 자신에 대해서도 싫은 감정이 들더라는 것이다.

십대 소녀들 중에 남자친구를 붙잡기 위해서 또는 다른 친구들도 다 하고 있으리라 생각해서 그걸 하는 아이들이 있는데, 그래 봤자 "쉽다"거나 "헤프다"는 평판만 듣게 될 것이다. 그뿐인가. 사실은 자신을 진심으로 좋아하지 않는 남자에게 즐거움을 주거나, 성병이라는 치명적인 질환에 걸릴 수도 있다. 개중에는 정액을 먹으면 유방암을 예방할 수 있다거나 "피부에 윤기가 흐를" 거라는 말로 여자들에게 오럴 섹스를 하도록 구슬리는 남자들이 있는데, 여자들이여, 당신이 그들이 생각하는 것보다 더 똑똑하다는 것을 보여 주길 바란다. 그런 근거 없는 꼬드김은 그냥 웃어넘기도록 한다.

누가 뭐라 하건 오럴 섹스는 지극히 친밀하고 깊은 행위이기 때문에, 여러분을 좋아하고 여러분이 좋아하는 사람이 아닌 다른 누군가와 오럴 섹스를 했다면 수치심과 이용당했다는 느낌만 남게 될 것이다. 하지만 성인이 되어 서로 사랑하는 사람과 한다면 만족스러운 경험이 될 것이다.

오르가슴

오르가슴은 강력한 성적 쾌감을 불러온다. 여자의 경우는 생식기 주위의 근육이 리드미컬하게 수축하는 반응이 나타난다. 짧은 순간 생식기 주위에서만 오르가슴이 느껴질 수도 있고, 더 오랫동안 몸 전체에 짜릿한 느낌이 전해질 수도 있다. 오르가슴이 지나가면 몸의 긴장이 풀리면서 편안하고 행복한 기분이 드는 단계로 접어든다.

10

성관계와 대화

~~~~~~ 성관계는 언제? ~~~~~~

성관계를 시작하는 시기는 가정환경과 성장 배경, 종교적인 믿음과 가치관, 나이, 부모님의 생각, 사귀는 사람이 있는지 등에 영향을 받는다. 가장 좋은 것은 여러분이 자유롭게 이야기할 수 있고 신뢰할 수 있는 상대와 진실한 관계를 맺을 때까지 기다리는 것이다.

결국 성관계를 할 것인지 말 것인지 결정하는 것은 여러분의 몫이다. 이렇게 자유롭게 결정할 수 있는 문제이니만큼 더 깊은 고민과 책임감이 필요하다. 순간적인 열정으로, 술기운에, 상대가 가하는 무언의 압력 때문에, 그냥 "해치우고" 싶어서, 또는 남들이 그렇게 떠들어 대는 게 "대체 어떤 건지" 알고 싶어서 성관계를 하는 것은 바람직하지 않다. 진지하게 고민한 다음 보다 깊은 관계를 맺어도 늦지 않다.

변하는 십대의 성 의식

친구들 중에 온갖 성행위를 해 봤다고 떠벌리는 아이들이 있을 것이다. 그럴 때 그런 경험을 해 보지 않은 아이는 왠지 기분이 나빠질 수 있다. 하지만 전미가족성장조사(NSFG)에서 1988년부터 2011년까지 청소년 성 의식을 조사한 결과, 요즘 세대일수록 무분별한 성행위가 줄고 콘돔과 피임약으로 이중 피임하는 경우가 느는 등 안전한 성관계를 원하는 것으로 나타났다. 또한 청소년 개인도 점차로 성을 폭넓게 접하면서 성 의식이 성숙해지게 된다. 그러니 누굴 사귀지 않는다고 해서, 키스나 성관계를 하지 않는다고 해서, 혹은 학창시절 내내 별다른 로맨스가 없었다고 해서 잘못된 것은 아니라는 말이다. 절대 그런 식으로 생각하지 않는다.

여러분이 순간적으로 마음이 혹한 것인지 아니면 진짜 관계를 맺어 나가고 있는 것인지 알아내려면 먼저 상대와 마음을 터놓고 솔직하게 대화할 수 있는지를 확인해 보아야 한다. 성적으로 건강한 결정을 내리려면 대화가 매우 중요하다. 성관계를 시작하고 싶든, 미루고 싶든, 더 만족스러운 관계를 맺고 싶든 성관계에 대해 "이야기"할 수 있어야 한다. 정말 가까운 사이라면 어떤 문제에 대해서도 솔직하게 의논할 수 있어야 한다. 얼굴이 붉어질 만큼 부끄러운 이야기도, 정말 용기를 내지 않고서는 하기 힘든 이야기까지도 말이다. 상대와 솔직하게 대화를 나눠야 후회하지 않을 결정을 내릴 수 있다.

성병 검사

성관계에 대한 이야기를 꺼내는 게 힘들다고 해서 낙담할 필요는 없다. 그것은 어른도 마찬가지다. 어쩌면 여러분은 성기를 드러내거나 성기나 성욕에 관련된 어떠한 주제에 관해서도 말해서는 안 된다는 교육을 받으며 자랐을 것이다. 아이러니하게도 이제 십대가 되면 한때 "금지됐던" 이런 주제에 관해 이야기하는 법을 다시 배워야 한다.

앞에서도 말했지만 성관계를 처음 시작하기 전에 상대와 솔직하게 대화하는 것이 매우 중요하다. 책임 있는 성숙한 관계라면, 상대를 위해 자발적으로 성병 검사를 받을 수도 있어야 한다. 과거에 활발하게 성생활을 했던 사람이라면 더욱 그렇다. 성관계를 시작하기 전에 둘 다 성병에 걸리지 않았다는 것을 확인하는 게 서로 안심이 되지 않겠는가.

또한 전에 성관계를 한 적이 있는지 편안하게 물어볼 수 있어야 한다. 검사를 받으라는 말도 편하게 할 수 있어야 한다. 성병에 걸리지 않았다는 대답만으로는 충분하지 않다. 성 매개 감염증에 대해서는 13장 '성 매개 감염증'에서 더 자세히 다루겠지만, 성관계를 하기 시작했다면 남자친구 혹은 여자친구와 성병 검사를 받는 것에 관해 대화하는 것은 그만큼 중요하다.

여러분이 사귀는 사람에게 솔직하게 이야기할 수 없다면 그건 상대를 믿지 못한다는 뜻이다. 가장 이상적인 것은 신체적 친밀도와 정서적 친밀도가 같은 것이다.

누군가를 잘 알고 또 믿을 때, 그 사람과 훨씬 더 안전하고 만족스러운 성적 경험을 나눌 수 있다. 잘 모르는 사람과의 성관계는 그게 어떠한 것이든 신체적으로 혹은 정서적으로 위험한 일이 생길 수 있다.

상대와 확실히 해 두기

상대와 건강한 관계를 맺고 있다고 느껴진다면 더 깊어지기 전에 여러분이 중요하게 여기는 게 무엇인지 분명히 밝혀 두는 게 좋다. 서둘러 처리해야 할 일은 아니지만 관계가 발전하는 동안 여러분이 기대하는 바를 상대에게 이야기해야 한다는 말이다. 여러분이 연인관계에서 중요하게 여기는 게 무엇인지 생각해 본다. 바람피우면 안 된다거나, 속이지 않아야 한다거나, 상대 모르게 뒤에서 험담하거나 소문 내서는 안 된다거나, 서로 동의하지 않는 어떠한 성행위도 해서는 안 된다는 등의 내용이 여기 포함될 수 있다. 이것은 어찌 보면 둘만의 계약이라고도 할 수 있다.

이런 종류의 대화를 시작하는 방법이 몇 가지 있다.

- "네가 우리 관계를 어떻게 생각하는지 알고 싶어."
- "너한테 할 말이 있어."
- "잠깐, 네가 뭘 원하는지 잘 모르겠어."
- "키스는 계속하고 싶은데 섹스는 하기 싫어."
- "이런 방식은 나한테 안 맞는 것 같아. 다른 방식으로 _____(이렇게) 해 보면 어떨까?"

이때는 말뿐 아니라 몸짓도 신경 써야 한다. 입으로 말하는 것과 몸이 말하는 것이 서로 달라서는 안 된다. 그래야 여러분이 전하고자 하는 메시지가 상대에게 분명하게 전달될 것이다. 예를 들어 사실은 "싫다"라고 말하고 싶은데 미소 지으며 "응, 나중에" 이런 식으로 이야기하면 상대는 그것을 싫다는 뜻으로 받아들이지 않는다. 남의 마음을 저절로 읽을 수 있는 사람은 없다. 여러분이 불명확한 메시지를 보내면 상대는 그 뜻을 결코 이해하지 못할 것이다.

솔직하게 말할 수 있는가

여러분이 좋은 감정으로 애정을 쌓아 가는 느낌이 들고 그 관계를 더 진지하게 만들고 싶다면 상대에게 솔직하게 말하는 게 좋다. "따로 만나는 사람 있어?" 이렇게 말이다. 그건 아주 정상적이고 영리한 질문이다. 여러분 입장에서 충분히 알고 싶어 할 만한 문제니까 톡 까놓고 물어봐도 된다. 나중에 상대가 거짓말했다는 것을 알게 된다면, 그 관계가 여러분이 매달릴 만큼 가치 있는 관계가 아니라는 결정을 내릴 수 있을 것이다.

여러분이 자신의 속마음과 감정을 진실하게 말해도 상대가 그것을 나쁘게 이용하지 않으리라는 믿음이 있는가? 그 사람이 진심으로 여러분의 말에 귀 기울여 주고 이해하려고 노력하는가? 건강한 관계라면 누구 한 사람이 상처를 받았거나 둘 사이에 거리감이 느껴질 때 솔직하게 말할 수 있어야 한다. 그 후에는 상처받은 이유나 그 이상의 것들까지 말하고 나눌 수 있어야 한다.

앞에서 말한 이 모든 것에 대해 미리 다 이야기해야 한다는 건 아니다. 당장 자신에게 해당하지 않은 문제는 뒤로 미뤄도 된다. 대화를 미룬다고 해서 사람이 성숙하지 않다는 뜻은 아니니까. 키스를 받으면 좋다는 이야기를 할 수도 있고, 다른 사소한 이야기를 할 수도 있다. 여러분이 뭘 좋아하는지 상대가 잘 모르는 것 같으면 여러분이 좋아하는 키스에 대해 얼마든지 말해도 된다. 연인관계에서 즐거움은 상당히 중요한 부분이다. 그리고 서로 즐거워지려면 때때로 대화와 연습이 필요하다.

청소년기 연애로 배울 수 있는 것

청소년기는 우리의 인생에서 평생 함께 할 상대를 찾는 시기가 아니다. 하지만 한번 사귀어 볼까 생각하는 사람의 이면을 들여다보는 법을 배우기에는 좋은 시기다. 그는 친절한 사람인가? 배려심이 있는가? 여러분을 존중하는가? 그의 행동이

모두 허세 아니면 쇼인가, 아니면 그 안에 진짜배기 알맹이가
들어 있는가?

건강하지 않은 관계

어떤 식으로든 강요나 학대가 포함되어 있다면 그것은 건강
한 관계가 아니다. 아무리 친밀한 관계라도 무시하는 말투나
미묘하게 압박을 주거나 속이는 행위를 받아 줘서는 안 된다.
상대를 깔아뭉개거나 폭력을 쓰거나 성관계를 강요한다면 분
명 여러분에게 해가 되는 사람이다. 애정이 넘쳐도 모자랄 판
에 육체적으로 폭력을 쓰거나 언어폭력을 가하거나 정서적으
로나 성적으로 학대한다면 절대로 참지 말아야 한다.

상대를 위협하거나 자해를 하면서 원치 않는 일을 강요하
는 행위도 용납하지 말아야 한다. 나중에 그 행동에 대해 사
과를 하더라도, 파괴적인 행동을 한 것은 분명한 만큼 확실하
게 짚고 넘어가야 한다.

상대가 질투가 심하고 피해망상 증상이 있다면 조심해야
한다. 여러분이 잠깐 다른 사람과 이야기를 나눴을 뿐인데도
의심하고 비난의 말을 퍼부을 가능성이 있기 때문이다. 쉴 새
없이 연락하고, 여러분의 휴대전화나 페이스북을 수시로 확

인하고, 여러분이 어디에 누구랑 있는지 시시콜콜 알려고 드는 남자친구나 여자친구도 선을 넘고 있는 것이다. 처음에는 나를 사랑하는 마음이 그만큼 크구나 싶어서 우쭐할 수 있겠지만, 어차피 그것은 건강하지 않은 관계다.

상대가 여러분을 학대하는데도 그 사람을 변화시킬 수 있다는 생각으로 그 관계에 머물러 있어서는 안 된다. 상대는 절대 변하지 않는다.

상대가 여러분에게 거짓말을 하거나 자기가 근사해 보이려고 여러분과의 관계를 이용한다면 그 또한 두말할 필요 없이 건강한 관계가 아니다.

몸이 보내는 신호

여러분이 건강한 관계를 맺고 있는지 알 수 있는 또 한 가지 방법은 몸이 하는 소리에 귀를 기울이는 것이다. 상대와 같이 있을 때 근육이 긴장하는가? 호흡이 얕아지는가? 그렇다면 여러분은 100퍼센트 안전을 확신하지 못한다는 신호다.

자신의 몸이 나타내는 반응에 늘 주의 깊게 신경 써야 이런 신호들을 알아차릴 수 있다. 술을 너무 많이 마셨거나 약기운에 취해 있을 때는 자신의 몸이 보내는 신호를 알아차리기가 불가능하다.

성적 학대의 경험

어렸을 때 성적 학대를 당했던 십대들이 있다. 그런 경우 누굴 만나더라도 성적인 접촉이 진행될 때 불안한 마음이 들 수 있다. 학대를 당한 경험이 있는 사람은 상대에게 그만하라거나 하기 싫다는 말을 꺼내기가 쉽지 않다. 성적 학대를 당한 적이 있다면 스킨십이나 성관계가 견디기 힘든 기억들을 불러낼 수도 있다. 성적 학대에 대해서는 14장 '성적 학대와 성폭력'에서 더 자세히 설명할 것이다.

~~~~~~ 안전하고 건강한 성관계 ~~~~~~

원하지 않을 때

여러분이 원하지 않는데도 상대가 성적인 행위를 계속하려 할 때가 있을 것이다. 그럴 때는 어떻게 해야 할까. 해도 되는지 확신이 서지 않을 때는 "싫다"고 말한다. 두려움이 느껴질 때나 흥분이 식었을 때도 마찬가지다. 구구절절 핑계 댈 필요 없다. "싫어"라는 말 한마디면 충분하다. 싫다는데 무슨 말이 더 필요하겠는가. 요즘에는 그보다 더 나아가 상대가 "좋아"라고 말한 것이 아니면 동의하지 않은 것으로 인식이 변하고 있다.

　상대가 미묘한 방식으로 성관계를 하자고 압력을 가하는 경우도 있다. 예를 들어 "날 사랑한다면 당연히 같이 자야 하는 거 아니야?"라는 식으로 말이다. 누군가 그런 말을 한다면 그건 그가 여러분을 존중하지 않는다는 뜻이다. 그럴 때는 이렇게 반응을 해 본다. "아니! 너야말로 날 사랑한다면 아직 준비되지 않은 일을 나한테 강요하면 안 되는 거 아니야?"

　"전에도 했잖아. 뭐가 문제야?" "우리 서로 사랑하는 거 아니었어?" 이런 식으로 말하는 사람도 있을 것이고, 아직 어린 남자아이들은 "임신 안 되게 할게, 정말이야." 이렇게 말하는 경우도 있을 것이다. 이럴 때 여러분은 자신에게 진실해야 한다. 만약 성관계를 하기 싫다면 다음과 같이 말한다.

- "하기 싫어."
- "싫어. 이게 내 답이야."
- "이건 아닌 것 같아. 우리 그만하자."

원하는 것을 말하라

어떤 성적 행동을 좋아하는지 상대에게 말하는 방법에는 여러 가지가 있다. 어떤 사람은 이러이러한 행위를 좋아한다고 직접적으로 이야기한다. 확실한 방법이긴 하지만 누구나 쉽게 할 수 있는 것은 아니다. 그보다는 낮은 신음 소리나 미묘한 바디 랭귀지 같은 신호를 더 많이 사용한다. "기분 좋아." "응, 그렇게." "계속해." 이런 말들이 기분 좋다는 뜻을 효과적으로 알릴 수 있다. 또는 부드럽게 상대의 손을 이끌거나 낮은 소리를 냄으로써 자신의 기분을 전달할 수도 있다.

하지만 바디 랭귀지만으로는 자신이 뭘 좋아하고 싫어하는지 전달하기에 충분하지 않다. 바디 랭귀지만 사용했을 때는 상대의 감정이나 의도를 오해하거나 아니면 오해받을 수가 있기 때문이다. 예를 들어 결혼할 때까지 성관계를 미루겠다고 생각하는 사람이라도 키스나 간접 성관계를 받아들일 수는 있다. 성관계에 대해 이야기하는 게 이래서 중요하다는 것이다. 성관계 이야기를 하지 못하겠다면 아직 자신의 입장을 정리하거나 뭔가를 결정할 준비가 되지 않았기 때문이다.

성관계에 대해 어떤 생각을 갖고 있는지, 어떤 행위를 좋아하는지 상대에게 부드럽게 물어본다. 그리고 상대가 성관계에 대해 이야기하려 할 때 절대 비웃거나 깔아뭉개지 않는다.

성관계로 대화를 한다면

자아를 분리하는 여자아이

자신의 느낌을 안다는 것은 여자의 행복감에 필수적인 부분이다. 그런데 부끄럽거나 낯설어서, 혹은 어른들의 '안 된다'는 말 때문에, 자신의 몸이 느끼는 감각과 욕구를 무시하거나 끊어 내려는 여자아이들이 있다. 심리학자들은 "한 가지 욕망을 끊어 내면 다른 욕망에도 필히 영향을 미치게 된다"라고 말한다. 여자아이들에게서 성적인 욕망을 잘라 내면 자신을 사랑하고 자신이 원하는 게 뭔지 알아내는 능력에 손상이 생긴다. 그리고 "그 후에는 다른 사람들이 무얼 원해야 한다거나 무엇을 느끼면 안 된다고 말하는 것에 쉽게 흔들릴 뿐 아니라 다른 사람들의 감정에도 쉽게 휘둘리게 된다."(데보라 L. 톨만, 《Dilemmas of Desire: Teenage Girls Talk About Sexuality》)

자신의 몸이 느끼는 것을 확실하게 알면 상황이 너무 뜨거워질 때나 그만둬야 할 때를 알 수 있다. 자신이 어떤 느낌이고 상대는 또 어떤 느낌일지 이야기하는 게 가능해지고, 당연히 서로의 느낌에 대해 더 편안하게 이야기할 수 있다. 즐거운 성관계는 "저절로 일어나는" 게 아니다.

상대방에 관심을 기울일 것

서로 그 순간을 즐기고 있는지 알아차리지 못할 정도로 애무를 너무 빠르게 진행시켜서는 안 된다. 상대가 어떤 기분인지 잘 모르겠다면 "이거 괜찮아?"라고 물어본다. 상대가 아무 말 하지 않는다고 해서 꼭 그 행동을 좋아하는 것은 아니다. 그러니 자기 멋대로 판단하고 추측하지 않도록 한다. 겁이 나서 그만하라고 말하지 못하는 사람도 있고, 불안이나 불편함을 느낄 때 오히려 입을 다물어 버리는 사람도 있다.

여자가 정말 흥분한 상태인지 알아내는 게 생각처럼 쉬운 일이 아니다. 여자가 긴장했거나, 두려움을 느끼거나, 흥분되지 않았을 때 성관계를 맺으면 고통이 뒤따른다. 성적인 흥분이 일어나야만 질이 긴장을 풀고 촉촉해진다. 여러분이 성관계를 원치 않아서건, 상대가 여러분을 배려하지 않고 애무에 충분한 시간을 들이지 않아서건, 몸이 준비되지 않았다면 그것을 말하고 그만두어야 한다.

꾸며내지 말 것

안전한 성관계란 정서적으로 안전해야 한다는 의미도 포함된다. 정서적으로 안전한 성관계는 어떤 것일까. 어떤 사람은 섹시한 행동이나 상대의 비위를 맞추는 데 지나치게 신경을 쓰고, 자신의 진짜 감정이나 상처받기 쉬운 마음에 대해서는 제대로 관심을 기울이지 않는다. 성적인 행동을 할 때 연극하는 것처럼 행동하거나 "마지못해 좋아하는 척한다면" 그건 관계와 자존감을 깎아먹는 일이다.

몸이 하는 말에 관심을 기울여 본다. 불편하거나 행복하거나 이런 마음의 진실을 드러내 주는 몸의 신호들이 있다. 근육이 긴장하지 않는지, 편안한 기분인지, 호흡이 깊어지는지 아니면 얕아지는지, 계속 마음에 걸리는 무언가가 있는지 등. 이런 단서들이 상대나 그 사람이 하는 행위를 정말 좋아하는지 아니면 불편해하는지를 알려 준다.

그리고 다시 말하지만 진짜 흥분이 일어나지 않는다면 당장 행위를 그만두어야 한다. 상대가 안 맞는 사람일 수도 있고, 그 사람이 여러분의 감정과 느낌에 관심을 기울이지 않고 충분히 신경 쓰지 않는 것일 수도 있다.

서로 정서적 친밀감이 생길 때까지 기다리는 것은 구닥다리 방식도 아니고 내숭을 떠는 것도 아니다. 대단히 상식적인 행동이다. 시간 여유를 갖고 기다린다면 위험하거나 만족스럽지 않은 성관계를 피할 수 있을 것이다.

성관계를 더욱 좋게 하는 것

성적 흥분 요소

성관계를 할 때 어떻게 해야 상대를 기쁘게 할 수 있는지 모르는 경우가 있다. 경험이 별로 없을 때는 당연히 자신이 제대로 하고 있는지 궁금해지기도 한다.

하지만 분명히 짚고 넘어갈 게 있다. 세상 모든 사람을 똑같이 즐겁게 해 줄 수 있는 성적 테크닉은 없다. 성적인 흥분에는 감정이나 의도, 판타지 같은 것들이 많은 영향을 미친다. 그리고 이것들은 모두 여러분의 뇌에서 벌어지는 일이다. 그러니 정확히 어디를 어떻게 만져야 황홀한 성관계를 할 수 있을지에 대해 너무 걱정하지 마라.

성관계를 성적 매기는 시험 같은 것으로 생각하지 않는다. 여러분이 잘할 수 있을지 불안해하고 전전긍긍해하면 성관계를 즐길 수 없다. 즐거운 성관계 자체가 불가능해진다. 언제든 성적인 흥분을 보장하는 성감대나 만지는 방식 따위는 없으니 테크닉에 연연하지 않는다. 그보다는 흥분과 편안함, 몸에서 일어나는 반응, 그 관계의 안전함이 만족스러운 성관계에 필요한 것이다.

안전한 성관계

질에 음경을 삽입한 성관계를 하면 여자는 언제든 임신이 될 수 있다. 이미 임신한 상태가 아니라면 말이다. 월경 주기가 아무리 규칙적인 사람이라도 그 당시에 난소에서 난자가 나왔는지 안 나왔는지 100퍼센트 확신할 수는 없다. 난자는 배란된 후 12시간에서 24시간까지 살 수 있고 정자는 사흘에서 닷새 정도 질이나 자궁에 살아남을 수 있다. 지난번 성관계를 했을 때 질 속에 남아 있던 정자가 때마침 자궁으로 들어온 난자와 수정할 수도 있다. 각 월경 주기마다 임신 가능한 기간이 며칠 정도 있다. 정자와 난자가 만날 수 있는 시간이 많다는 말이다. 정자가 질 안으로 꼭 들어가야 하는 것도 아니다. 정액이 여성의 외음부에 닿으면, 정자가 거기 있는 애액을 타고 질 속으로 헤엄쳐 들어갈 수 있다.

12장 '십대 임신과 피임'에서는 임신을 피할 수 있는 방법과 임신이 될 경우에 내릴 수 있는 결정들에 대해서, 13장 '성

매개 감염증'에서는 성 매개 감염증을 피하는 보다 안전한 성
관계에 대해 살펴볼 것이다.

<hr>

성관계에 대한 보편적인 고민

여자: 오르가슴을 못 느끼면 어떡하죠?

질 성관계를 할 때 모두가 오르가슴을 느끼는 것은 아니다.
그 상황이 안전하거나 편안하지 않아서 그럴 수도 있고, 자
신감이 없어서 긴장을 풀지 못하는 탓일 수도 있다. 애무하는
동안 충분히 흥분되지 않아서일 수도 있다.

많은 여자들이 질을 통한 성관계만으로는 오르가슴을 느끼
지 못한다. 여자가 오르가슴을 느끼려면 정서적인 교감과 더
불어 음부에서 가장 민감한 부분인 클리토리스를 자극해야
한다. 질 입구와 클리토리스가 다소 떨어져 있어서 음경의 자
극에 별로 흥분하지 않는 여자도 있다.

남자가 오르가슴에 도달하지 못했는데 여자는 이미 느껴서
그만두고 싶을 때는 자위를 하거나 여자가 손이나 입으로 남
자의 음경을 자극해서 오르가슴에 이르게 할 수 있다(아니면
발기가 가라앉을 때까지 내버려 둘 수도 있다). 여자의 경우도 마찬
가지다.

남자: 발기가 안 되면 어떡하죠?

발기가 될 만한 상황에서 발기가 안 되는 데에는 여러 가지 이유가 있다. 시기가 적절하지 않거나 상대와 문제가 있을 수도 있다. 그 순간이 너무나 중요해서 바짝 긴장했거나, 술을 너무 많이 마셨거나, 먹고 있는 약 때문일 수도 있다. 건강한 남자들도 때로는 발기가 되지 않는다. 같이 있는 그 여자를 너무 좋아해서 몸이 말을 듣지 않는 것일 수도 있고, 어쩌면 서로 어울리지 않는 상대라는 뜻일 수도 있다.

공통: 그 애가 나를 친구로만 생각해요

고등학교 남자아이들과 이야기를 나누다 보면 종종 이런 말을 듣는다. "내가 걔한테 얼마나 잘해 주는데요. 의견도 존중해 주고 강요하지도 않아요. 그런데 걔는 날 친구로만 생각해요. 데이트 상대로 봐주질 않는다고요. 나 같은 사람보다는 연애 고수를 더 좋아하는 것 같아요. 어떻게 해야 하죠?"

그런 아이들한테 도움이 되는 답을 주고 싶어서 그쪽 방면으로 책을 많이 쓴 폴 키블에게 의견을 구했다. 폴은 이렇게 말했다. "세상에는 다양한 관심사와 다양한 욕망을 지닌 아주 다양한 여자들이 있어요. 진짜 친구가 누구인지 알아내는 데 시간이 걸리는 것처럼, 자신에게 어울리는 연인을 고르는 데도 시간이 걸릴 수 있습니다."

폴은 그 남자아이들이 알고 있는 많은 남자들, 즉 아빠나 삼촌, 형, 동네 아저씨, 코치 같은 사람들이 아마도 "연애 고수"는 아니었을 텐데 사랑하는 사람을 찾아내지 않았느냐고 말했다. 사실 대부분의 남자들이 연애 고수는 아니지만 서로 사랑을 나누는 건강한 관계를 찾아낸다.

"둘 다 자신의 진짜 모습을 보이고 진짜 감정을 표현해야 해요. 그렇지 않으면 진짜 사랑을 나누는 친밀한 관계가 될 수 없어요. 그 관계가 오래갈 수도 없고요."

이런 폴의 조언을 바탕으로 나는 관심 가는 여자아이가 자신을 "데이트 상대"로 봐주지 않는다며 기분 나빠하는 남자아이에게 이렇게 말한다. "인내심을 가져. 자신의 모습을 지켜 나가면 조만간 너에게 맞는 사랑을 찾을 수 있을 거야. 서로 진실하고, 존중하고, 친밀감을 나눌 수 있는 그런 사랑 말이야."

이것은 여자아이들에게도 해당하는 말이다.

11

성적 지향성과
성 정체성

~~~~~~ **성적 지향성** ~~~~~~

성적 지향성이란 성적으로 누구에게 끌리는가를 나타내는 말
이다. 그것은 그 사람의 전부가 아닌 일부의 모습일 뿐이다.

성적으로 이성에게 끌리는 사람을 '이성애자' 또는 "스트
레이트(straight)"라고 부른다. 같은 성에게 매력을 느끼는 사
람을 '동성애자'라고 하는데, 남성이 남성에게 끌리는 경우
를 "게이(gay)", 여성이 여성에게 끌리는 경우를 '레즈비언
(lesbian)'이라고 한다. 어떤 사람이 '양성애자' 또는 "바이섹슈

얼(bisexual)"이라고 한다면, 성적으로 이성과 동성 모두에게 끌린다는 뜻이다. "이성애자"는 아닌데 그 어떤 용어에도 딱 들어맞지 않는 사람을 "퀴어(queer)"라고 한다. 아직 자신의 성 정체성을 확신하지 못하는 사람들은 때때로 자신을 '퀘스 처너리(questionary)'라고 부른다. 따라서 "레즈비언, 게이, 바 이섹슈얼, 트랜스젠더(transgender), 퀘스처너리"를 나타내는 약어 LGBTQ는 이성애자로 정의할 수 없는 다른 모두를 포함한다고 할 수 있다.

성적 지향성이 형성되기까지

성관계에 대한 시선이 그렇듯이 동성애에 대해서도 불편한 시각을 갖고 있는 사람들이 있다. 동성애를 못마땅하게 여기 는 시선 때문에 십대들이 동성에게 어떤 끌림을 느낄 때는 먼 저 걱정이 앞서게 된다. 자신이 게이일 수도 있다고 생각하면 인생에 대혼란이 생겨난다. 지금까지 자신과 자신의 인생에 대해 생각했던 것들이 180도로 달라질 수 있다. 가족들이 어 떤 반응을 보일지, 내가 동성애자라도 여전히 사랑해 줄지 걱 정스러워진다.

어렸을 때 한동안 동성에게 관심이 생기고 그 사람과 성적 인 뭔가를 시도해 보고 싶은 충동이 일어날 수 있다. 그리고 사랑하는 감정이 싹틀 수도 있다. 십대에는 이성이나 동성과 성관계를 하는 꿈을 꾸기도 한다. 이것은 전혀 이상한 게 아니다. 색다른 실험을 해 본다고 해서 그것으로 여러분의 성적 지향성이 결정되는 것은 아니다. 성적 지향성은 시간이 지나야 알 수 있으며, 확립되지 않는 경우도 있고, 살아가면서 여러 번 바뀌기도 한다.

성 정체성

이성애자는 자신의 타고난 성을 편안하게 느끼고 이성에게 끌린다. 주위의 비난에 시달릴 필요 없이 마음에 드는 이성에게 작업을 걸고 공개적으로 데이트를 할 수 있으며 함께 아이를 낳을 수도 있다. 대중매체에서 가장 일반적으로 대변하는 사람들이 이런 사람들이다.

한편, 자신이 다수의 사람들과는 다르게 태어났다고 느끼는 사람들이 있다. 생물학적으로는 남자인데 여자처럼 느껴지거나 그 반대로 느껴지는 경우다. 이들이 트랜스젠더 혹은 "트랜스"다.

성적 지향성이 누구에게 끌리느냐를 기반으로 하는 데 비해, 성 정체성은 자신이 누구로 느껴지느냐를 기반으로 한다.

하나는 외적으로 성적 충동을 어떤 상대에게 느끼느냐는 것이고, 다른 하나는 내적인 정체성을 나타내는 것이다. 나의 트랜스젠더 친구는 그것을 이렇게 표현했다. "성 정체성은 거울을 봤을 때 자신이 보고 싶은 사람이고, 성적 지향성은 놀이공원 대관람차에 같이 손을 잡고 타고 싶은 사람이다." 트랜스젠더 청소년에 대해서는 뒤에서 좀더 자세히 다룰 것이다(219쪽 참조).

동성애

생활방식이나 자신의 선택으로 게이나 레즈비언, 양성애자가 된다고 말하는 사람들이 있는데, 그것은 사실이 아니다. 성적 지향성이나 성 정체성은 옷을 고르듯 자신이 임의로 선택할 수 있는 문제가 아니다.

오늘날 과학자들은 성적 지향성도 사람의 체형이나 모발색처럼 선천적 요인이 작용한다고 볼 수 있는 연구 결과를 발표하고 있다. 미국 심리학회에서도 다음과 같이 발표했다. "현재 대부분의 과학자들은 성적 지향성이 환경적 요인, 인지적 요인, 생물학적 요인이 복잡하게 얽혀 이루어진 결과일 가능성이 크다는 데 동의한다. 유전자나 선천적인 호르몬 요인을 포함한 생물학적인 부분이 중요한 역할을 한다는 상당한 증거도 있다."

심리학회는 이런 이야기도 한다. "동성애는 질병이 아니다. 치료를 요하는 병이 아니며 바뀔 수 있는 것도 아니다. 게이를 이성애자로 만들거나 트랜스들이 자신에 대해 느끼는 방식을 변화시키기 위해 치료를 하면 그게 오히려 심리적으로 해가 될 수 있다."

2012년 갤럽에서 실시한 조사에 따르면 미국의 18세에서 29세 사이 인구의 6.4퍼센트가 동성애자라는 결과가 나오기도 했다.

이성애자와 똑같은 동성애자

이 책에 나오는 내용이 이성애자뿐 아니라 게이, 레즈비언, 양성애자, 트랜스젠더 모두에게 해당되기 때문에 이성애자가 아닌 이들에 대해 따로 다루는 게 이상할 수도 있다. 개인의 성적 지향성이나 성 정체성이 무엇이건 누군가에게 끌릴 때는 누구나 비슷한 흥분(그리고 걱정)을 느끼게 된다. 누구든지 상대가 자신을 좋아하는지 궁금해지고, 언제 감정을 표현해야 할지 모르겠고, 성적인 행동을 진전시키거나 안전한 성관계에 대해 말하는 게 어색할 수도 있다. 이것은 거의 모든 사람들이 공유하는 경험이다.

게이, 레즈비언, 양성애자, 트랜스젠더는 "이성애자"와 다르지 않다. 그들도 이성애자처럼 어떠한 나이, 인종, 종교, 배경이든 될 수 있고, 인간이 지니는 어떠한 기쁨도 누릴 수 있다. 이들도 이성애자와 똑같이 사랑에 빠지고 다른 사람과 평생을 함께할 수 있다.

일부 지역에서는 이성애자 커플처럼 자녀를 낳거나 입양해서 안정된 가정을 꾸릴 수도 있다. 미국의 몇몇 주에서는 동성 결혼을 인정하고, 그보다 더 많은 주에서 게이의 자녀 입양을 허용한다. 동성 커플이 자녀를 입양하지 않기로 결정했을 때는 자신의 생물학적 자녀를 낳을 수도 있다. 레즈비언 커플은 기증된 정자를 이용해 임신할 수 있고, 게이 커플의 행복을 자신의 일처럼 여기는 여자친구가 그들의 정자로 대신 아이를 낳아 주겠다고 나설 수도 있다.

동성 가정에서 자라는 아이들 역시 이성 부모와 같이 사는 아이들과 다르지 않다. 생물학적 부모나 계부모, 양부모, 수양부모, 별거하거나 이혼한 부모, 또는 싱글 부모 한 명과 같이 사는 그 모든 가정의 아이들과 전혀 다를 것이 없다. 어떤 형태를 취하고 있건 가정의 근본은 똑같기 때문이다.

중요한 것은 아이들이 충분히 사랑받고 보살핌을 받느냐다.

아이를 키우려면 엄청난 시간과 관심과 자원이 필요하다. 게이와 트랜스젠더 중에서 자신의 가정으로 받아들인 아이들을 정성껏 사랑으로 보살피는 부모들이 많이 있다.

불편한 사회적 편견

역사적으로나 문화적으로 동성애자는 감탄의 대상이 되기도 했고 증오의 대상이 되기도 했다. 고대 그리스 사람들은 동성 간의 관계에 전혀 거부감이 없었고 오히려 꽤 좋아하는 쪽이었다. 그리고 지난 수년간 우리는 동성애에 대해 더 많이 알게 되었다.

하지만 사람들이 항상 동성애를 이해하고 편안하게 받아들인 것은 아니다. 그래서 많은 이들이 차별받을까 봐 두려워 동성 관계를 비밀로 유지할 수밖에 없었다. 동성애자들은 "이성애자"들이 당연하게 여기는 평범한 권리를 인정받지 못하고, 학대당하고, 공격당하고, 위협을 받고, 모욕을 당해 왔기 때문에 자신의 진짜 모습을 드러내길 두려워했다. 과거에 의사들은 동성애자들을 정신병자 취급했고, 어떤 종교에서는 동성애를 죄악으로 간주한다. 다른 사람들의 시선이 두려워서 혹은 자신이 거기에 영향을 받을까 봐 겁나서 동성애자를 더 증오하고 무서워하는 이들도 있다. 이런저런 이유로 자신의 정체성을 꼭꼭 숨기고 살아가는 동성애자들이 있다.

통계적으로는 전 세계 인구의 2~4퍼센트가 게이일 거라고 하는데, 이 정도면 이 세상에서 푸른 눈을 갖고 있는 사람들의 수치와 비슷하다. 푸른 눈을 갖고 태어났다는 이유만으로 다른 사람들에게 미움을 받고 두려움과 학대의 대상이 된다면 어떨지 한번 상상해 보라.

성 정체성의 혼란

십대 시절을 게이나 레즈비언, 양성애자, 트랜스젠더로 살아간다는 것은 남들보다 더 무거운 짐을 떠안고 살아야 한다는 뜻이다. 그들을 가장 힘들게 하는 것은 문화 깊숙이 뿌리 박혀 있는 동성애 혐오증이다. 게다가 그들은 매우 광범위한 괴롭힘, 학대, 놀림, 폭력의 대상이 된다. 동성애자는 일반 사람들과 전혀 다른 존재로 취급받고, 가족과 동료들에게 외면당한다. 어른의 지지를 받기 어렵고, 누구 하나 손 내밀어 주지 않는다. 그뿐이 아니다. 레즈비언이나 게이, 양성애자, 트랜스젠더, 퀘스처너리로의 자신의 정체성에 장기간 혼란을 느끼기도 한다.

대부분의 십대들이 자신의 성과 성적인 욕망을 받아들이려 할 때 어느 정도 스트레스와 불안을 겪게 된다. 그런데 자신이 동성애자로 여겨지거나 잘못된 성별을 타고났다는 느낌까지 든다면, 자신의 성적 지향성이나 성 정체성이 무엇인지 알아내고 또 주위 사람들의 적대감이나 반응에 대응하는 데 정신적으로 많은 에너지를 소비하게 될 것이다.

이성애자든 동성애자든 자신의 성에 대해 혼란스러워하는 사람들이 많다. 그럴 때는 전문 상담가를 찾아가면 도움을 받을 수 있다. 그들은 여러분의 말에 귀를 기울이고 여러분 스스로 감정을 파악할 수 있도록 해 줄 것이다.

동성애 혐오

동성애자들에게 잔인하게 구는 사람들 중에는 자신의 성에 대해 확신이 없는 사람들이 의외로 많다. 안타깝게도 동성애자들을 증오함으로써 자신이 그들과 다르다는 것을 증명하려한다. 사람이 다른 누군가를 제멋대로 판단하고 심판하고 증오하는 것은 어떤 경우든 옳지 않다.

성경에 동성애가 죄악으로 나와 있다는 사실을 들어 자신이 동성애를 혐오하는 행동을 변명하려는 사람이 있다. 하지만 예수, 간디, 부처, 마틴 루터 킹 주니어 같은 위대한 스승과 지도자들이 일반적인 범주에 들어가지 않는 사람들에게 보여주었던 연민과 사랑을 기억해야 한다. 그들은 자신과 다른 이들을 증오하는 대신 '다름'을 포용할 줄 알아야 한다고 가르쳤다. 그것이야말로 진짜 현명하고 마음 따뜻하고 인간적인, 우리가 해야 하는 옳은 일이다.

<hr>

사회적 배려

많은 젊은이들이 동성에 대한 끌림에 호기심을 갖고 있다. 이럴 경우 같은 경험을 한 사람들과 이야기를 나눠 보면 도움이 된다. 누구든 자신의 진짜 감정을 알아내고 확인해 볼 권리가 있다.

미국에는 5,000여 개의 학교에 게이와 이성애자의 연합클럽이 있다. 게이, 레즈비언, 이성애자 교육 네트워크(GLSEN)에 등록된 것만 해도 그 정도다. 이 네트워크는 성적 지향성이나 성 정체성과 상관없이 모든 학생들이 안전해야 하며 존중받을 수 있어야 한다는 사명을 갖고 활동하고 있다.

편견 없는 존중

성적 지향성이나 성 정체성과 상관없이 사람은 누구나 존중받을 자격이 있다. "호모(homo)" 같은 단어를 쓰는 것은 상대를 무시하고 상처를 입히는 일이다. 일부 게이 레즈비언 커뮤니티 회원들이 일종의 애정 표현으로 자신을 "다이크"나 "퀴어"로 부르기도 하지만, 다른 사람이 그런 단어를 사용해서는 안 된다. 조롱당하고 욕먹는 것을 좋아하는 사람은 세상에 아무도 없다.

여러분이 인종이나 외모 때문에 조롱을 당한다면 어떤 기분이 들지 생각해 보라. 언제든 다른 사람의 입장이 돼서 생각해 보아야 한다. 약한 자를 괴롭히는 것은 어떤 핑계를 대건, 어떤 형태로든 잘못된 일이다. 절대로 그런 짓을 해서는 안 되고, 그런 행동을 보고 참아서도 안 된다.

괴롭힘을 당하는 사람을 보면 그걸 멈추게 하려고 노력한다. 성적 지향성이나 성 정체성을 포함해서 어떤 이유로든, 누구도 부당하게 괴롭힘을 당해서는 안 된다. 만약 그런 일로 고통을 받는 친구가 있다면 외면하지 말고 힘이 되어 주도록 한다. 그리고 자신의 성 정체성에 관해 고백하는 친구가 있다면 다음과 같이 행동하도록 한다.

- 친구의 말을 신중하게 듣는다.
- 귀 기울여 듣고 있으니 마음 편하게 이야기하라고 말한다.
- 친구로서 좋아하는 마음이 여전하니 걱정 말라고 말한다.
- 친구의 말을 별것 아닌 것으로 치부하거나 하찮게 여기지

않는다.

- 친구의 말을 듣고 웃는다거나 충격받은 것처럼 행동하지 않는다. 믿어지지 않는다고도 말하지 않는다.

커밍아웃

게이, 레즈비언, 트랜스, 양성애자 등은 때때로 자신의 성적 지향성을 받아들이고 남들에게 알리는 과정을 거친다. 즉 커밍아웃을 한다.

자신에 대해 뭔가 비밀을 유지한다는 것은 지치는 일이다. 항상 다른 사람인 척 연기하는 것도 스트레스를 받는 일이다. 사실 사랑하는 사람에게는 솔직해지고 싶은 게 인지상정이고, 그러지 못할 때는 거리감이 생기게 된다.

하지만 결국 커밍아웃은 지극히 개인적인 과정이다. 가족과 친구들에게 자신의 성적 지향성을 이야기하는 게 겁이 날 수 있지만, 궁극적으로는 큰 안도감을 느낄 수도 있다. 때에 따라서는 커밍아웃이 편안한 삶을 만들어 가는 데 가장 중요한 단계가 될 수 있다.

물론 모두가 열린 마음으로 받아들여 주는 가족이 있는 행운을 누리지는 못할 것이다. 동성애에 관대하지 않은 사회에서 살고 있는 경우도 있을 것이다. 이런 상황에서는 그 사실을 잘 받아들여 줄 것 같은 사람과 먼저 이야기해 보는 게 좋다. 그게 부모님이 될 수도 있고, 좋은 친구, 믿을 수 있는 숙모나 삼촌, 전문 상담가가 될 수도 있다. 가족에게는 외면당했으나 친구들에게는 받아들여지는 경우가 있고, 그 반대의 경우도 있다. 무엇보다 중요한 것은 자신의 건강과 안전을 최우선으로 생각해야 한다는 점이다. 부디 자신을 위험에 빠뜨리지 않도록 하자.

가족에게 커밍아웃을 하는 게 겁이 날 수 있다. 부모에게 직접 말할 수 있다면 좋겠지만, 어떤 반응을 보일지 불안할 것이다. 커밍아웃을 했을 때 거부감 없이 받아들이며 변함없는 애정을 보여 주는 부모도 있고, 그런 비밀을 솔직하고 용감하게 털어놓은 데 대해 자랑스럽다고 말해 주는 놀라운 부모도 있을 것이다.

모든 부모가 그런 반응을 보여 준다면 얼마나 좋겠는가. 하지만 어떤 부모는 자신들이 무슨 잘못을 했기에 자식이 동성애자가 된 것이냐며 괴로워하고, 또 어떤 부모는 늘 특별하게 여겼던 자식에게 무슨 일이 벌어진 것인지 어리둥절해할 것이다.

자식이 결혼하거나 자녀를 갖지 못하리라는 사실에 실망과 걱정을 드러내는 부모도 있고, 너무 화가 나서 폭력을 쓰거나 잔인하게 구는 부모도 있을 것이다. 대부분의 부모들이 혼란에 빠져 그 사실을 받아들이는 데 시간이 필요할 것이다.

그 과정에서 소동이 빚어질 수 있다는 점을 염두에 둔다. 부모님께 솔직하게 털어놓고 싶은데 어떻게 말해야 할지 모르겠다면 뒷부분에 수록된 지원 단체들의 도움을 받아 보도록 한다.

트랜스젠더 청소년

차즈 보노는 한때 유명한 부부 듀엣이었던 소니와 셰어의 아들이다. 원래는 채스티티라는 이름의 여자아이로 태어났지만 나중에 남자로 성전환을 했다. 이에 대해 그는 이렇게 말한다.

"내가 자란 방식이 이 문제에 어떤 식으로든 영향을 끼쳤다고는 생각하지 않는다. 자신의 머릿속에서 느끼는 성별이 있고 몸으로 나타나는 성별이 있다. 99퍼센트의 사람들은 그 두 가지가 일치하지만, 트랜스젠더들은 그렇지 않다. 몸과 마음이 일치하지 않을 뿐이지, 복잡할 것은 하나도 없다. 이건 정신병이 아니라 두 가지가 뒤섞인 것뿐이다."(신트라 윌슨, 〈The Reluctant Transgender Role Model〉)

자신이 타고난 신체와 자신이 느끼는 성 정체성이 다른 트랜스젠더 십대들은 지독한 고통을 겪는다. 많은 아이들이 꽤나 이른 시기(3~4세 때부터)에 자신이 보이는 그대로의 성이 아니라는 것을 느끼고, 부모가 억지로 드레스를 입히거나 타고난 성별처럼 행동하게 할 때 힘겨운 싸움을 벌인다. 하지만 많은 부모들이 자신의 아이가 트랜스로서 당황스러워하고 있다는 것을 전혀 알아채지 못한다.

여러분이 트랜스라는 것을 부모에게 이야기해도 괜찮겠다고 생각된다면 먼저 트랜스 커뮤니티의 정보와 상담자들의 도움을 받아 그게 어떤 의미이고 그 상황을 어떤 식으로 헤쳐가야 할지 가족과 자기 자신이 서로 이해할 수 있게 해야 할 것이다.

적어도 한동안은 아이가 집에서는 자신의 성 정체성대로 행동하고 옷을 입도록 허락하지만 학교에서는 그렇게 하지 못하게 하는 부모도 있다. 또는 아이가 놀림을 받거나 괴롭힘을 당하지 않고 자신이 느끼는 성으로 다시 시작할 수 있도록 새로운 곳으로 가족 전체가 이사를 가기도 할 것이다.

어떤 이유로든 자신이 타고난 성을 자신이 느끼는 성으로 바꾸고 싶어 하는 십대들이 늘어나고 있고, 성전환을 위해 필요한 의료적, 사회적, 법적 단계를 실제로 밟는 이들도 많아지고 있다. 성전환을 하려면 그들의 "뇌가 느끼는 성별"과 "육체적 성별"을 조정하는 심리 치료, 호르몬 치료, 수술을 감당해야 한다. 이는 상당히 큰 용기가 필요한 일이다.

　너무 외로워서 혹은 누구도 이해해 주지 않아서 죽고 싶은 기분이 든다면 부디 앞으로 상황이 변할 수 있음을 기억하기 바란다. 절대 위험한 일은 하지 말고, 자신에게 해가 되는 어떠한 것에도 의지하지 말아야 한다. 자신이 누군지 확실하게 알면 보다 나은 삶을 꾸려 갈 수 있을 것이다. 아주 커다란 공동체가 여러분을 환영하기 위해 기다리고 있다. 그리고 여러분을 지지해 주는 마음 맞는 친구들과 원하는 곳 어디서든 자유롭게 살 수 있다.

청소년성소수자위기지원센터 띵동

대표전화: 02-924-1224

상담전화: 02-924-1227

카카오톡ID: 띵동 119

http://ddingdong.kr

카카오톡이나 이메일로도 상담이 가능하다.

한국성적소수자문화인권센터

www.kscrc.org

대표전화: 0505-896-8080

성소수자의 인권 증진을 위한 여러 가지 활동을 하고 있다.

한국게이인권운동단체 친구사이

http://chingusai.net/xe/main

성소수자 자살 예방을 위해 상담 채널(마음연결)을 개설해 운영
하고 있다.

마음연결 바로가기: http://chingusai.net/connect

한국레즈비언상담소

대표전화: 02-703-3542

상담전화: 02-718-3542

www.lsangdam.org

12
십대 임신과
피임

지난 20여 년간 아직 어른이 되지 않은 여자아이들이 임신했을 때 어떤 일들이 벌어지는지, 충분히 보아 왔다(우리나라도 예외는 아니어서 여성가족부가 시행한 '2012 청소년 유해환경접촉 종합실태조사'에 따르면 성관계를 경험한 청소년 네 명 중 한 명꼴로 임신을 경험한다). 그래서 이 문제에 대해 더 진지해지지 않을 수 없다.

성관계를 하면 누구든 임신이 될 수 있고, 성 매개 질환에 걸릴 수 있다. 어떤 가정에서 자랐건, 어느 동네 출신이건, 몇 학년이건 누구에게나 그런 일이 벌어질 가능성이 있다. 그렇기 때문에 성관계를 하기 전에 미리 피임법과 성병 예방법에 대해 알아 두는 게 중요하다. 첫 경험 때는 물론 매번 할 때마다 주의하고 만약의 경우에 대비해 계획을 세워야 한다.

십대 부모

외로워서, 자신을 사랑해 줄 누군가가 필요해서, 혹은 임신하면 남자친구가 떠나지 않을 거라고 생각해서 피임하지 않는 여자아이들이 있다. 하지만 상황은 자신이 생각했던 대로 흘러가지 않는다. 청소년기에 부모가 된 아이들이 안정된 관계로 끝까지 함께하기란 쉽지 않다. 대개의 경우 아빠가 된 십대 남자아이들은 아무리 그러고 싶은 마음이 있더라도 여자친구와 아기를 제대로 부양할 수 없다. 십대 부모에게서 태어난 아기의 약 75퍼센트는 어떤 형태로든 정부의 지원을 받을 수밖에 없다. 심리학자들 역시 청소년기에 결혼한 커플 중에 아기를 낳은 후에 관계가 나빠지는 커플이 많다고 말한다. 아기를 키우고 집안일을 하고 다른 잡다한 문제들을 해결하는 데에만 온통 정신이 팔려 너무나 많은 에너지가 쓰여지기 때문이다.

자녀를 키우는 어린 커플들은 보통 자신들의 관계를 "너무 너무 사랑하는 사이"라거나 "제일 좋은 친구"로 묘사하지 않는다. 그보다는 "현실적인 동업자"에 더 가깝게 묘사한다. 아이를 키우다 보면 가정에 많은 관심을 쏟아야 하고 책임도 더 커지기 때문에 즐기거나 즉흥적으로 뭔가 할 수 있는 시간이 줄어든다. MTV의 리얼리티 프로그램인 『16세와 임신(16 and Pregnant)』과 그 후속 시리즈 『십대 엄마(Teen Mom)』를 보면 임신하고 아이를 낳은 십대 엄마가 얼마나 힘들게 사는지를 확인할 수 있다.

아기를 잉태하고 키우는 것은 물론 아기를 낳고 돌보는 것도 주로 여자의 몫이다. 어떤 문화권에서는 여러 여자에게서 많은 자녀를 낳은 남자가 진정한 사나이라는 식으로 생각한다. 하지만 성숙하고 똑똑한 남자라면 자신의 행동에 책임질 줄 알아야 한다. 진정한 남자는 아이가 생겼을 때 외면하지 않고 함께 그 아이를 키워야 한다는 사실을 알고 있을 것이다.

아빠의 존재

갑자기 아빠가 된 당황스러운 상황이라 해도 아이의 삶에 함께해 주어야 한다. 아들에게만이 아니라 딸에게도 다정한 아빠의 존재는 중요하다. 어릴 때 애정을 보여 주는 남자의 존재가 필요하다는 것을 여러 연구 결과들이 증명하고 있다. 꼭 생물학적인 아빠일 필요는 없고, 아이의 삶에 항상 존재하는 다정한 남자가 있어야 한다는 말이다.

이런 성장 환경이 조성되면 여자아이들은 남자에게서 받는 안전한 사랑이란 게 무엇인지 배우게 된다. 아빠나 삼촌, 할아버지의 무릎과 팔은 좋은 남자의 따뜻함과 배려를 미리 익히는 리허설 공간이라 할 수 있다. 이런 기회를 박탈당한 여자들은 잘못된 곳에서 남자의 사랑을 찾으려고 한다.

남자아이에게는 이 세상을 살아가는 남자로서 모범을 보여 줄 수 있는 존재가 필요하다. 아빠(또는 아빠 비슷한 역할을 하는 인물)는 '남자'와 '아빠'의 기본적인 청사진을 보여 주는 인물이다. 여러 연구에서 밝혀진 바에 의하면, 아빠가 가정에 충실하고 자녀에게 관심이 많을수록 남자아이들의 학교 성적이 더 우수하고, 특히 수학과 과학 과목에서 좋은 성적을 낸다고 한다. 여기서 우리가 말하는 아빠는 당연히 자녀를 잘 돌보는 자상하고 책임감 있는 아빠다. 폭력적이거나 성적으로 학대하는 아빠가 아니다.

십대 아빠

그럼 어린 나이에 아빠가 된 아이들에게는 어떤 결과가 나타날까. 이를 연구한 학자들은 젊은 시절에 아이를 낳고 버린 남자들은 그 경험으로 인한 정신적 고통을 잊기 위해 약물에 의지하게 될 가능성이 높다고 말한다. 자신이 느끼는 고통의 근원이 무엇인지 깨닫지 못하더라도, 그들의 마음속 깊이 그게 박혀 있다. 그런 남자들 가운데 나중에 자녀를 다시 만나게 되면 약물이나 알코올 남용을 중단하고 자녀를 양육하기 위해 더 열심히 직장을 찾아다니는 등 지금까지의 삶을 바꾸려는 의지를 불태우기도 한다. 어느 현명한 남자는 이렇게 말했다. "아버지의 심장에 아이를 갖다 대면 그 마음이 움직일 것이다."

임신 예방법(피임)

남자친구 혹은 여자친구와 그날을 계획하고 있다면 임신 예방을 위해 무엇을 해야 하는지 생각해 봐야 한다. 처음 관계를 맺기 전에 만반의 준비를 갖추어야 한다. 전문가를 만나 피임에 대한 조언을 듣는 것도 좋다. 그럼 임신에 대한 불안감이 줄어들 것이다. 이것은 자신과 상대 모두를 배려하는 행동이다. 여러분이 어떤 형태의 피임법을 선택하더라도 콘돔은 항상 사용해야 한다. 그래야 성 매개 질환에 걸릴 위험성을 크게 줄일 수 있다.

다양한 피임법

그렇다면 어떤 피임법이 효과적일까. 난관불임수술이나 정관수술 같은 영구적인 방법을 제외하고 원하는 기간만큼 일시적으로 피임을 할 수 있는 방법으로 가장 효과적인 피임법은 경구 피임약 등의 호르몬 피임제와 자궁내 장치(IUD, Intrauterine Device)다.

호르몬 피임제는 경구 피임약, 피하이식제(임플라논NXT), 피임주사제(사야나), 질 링(누바 링) 등이 있다.

경구 피임약은 오랫동안 많은 여성들이 사용해 온 인기 피임법으로 배란을 억제한다. 약을 먹기로 결정했다면 용법대로 매일 잊지 않고 비슷한 시간에 복용해야 효과를 볼 수 있다. 경구 피임약은 확실한 피임효과뿐만 아니라 생리통 감소, 월경혈량의 감소, 월경 전 증후군 완화 등 건강상의 이점도 있다. 여러 가지 종류의 약이 있으니 산부인과 의사의 도움을 받아 자신에게 맞는 약을 선택하도록 한다.

피하이식제(임플라논NXT)는 팔뚝 피부 아래에 작은 성냥개비 같은 황체호르몬을 함유한 막대를 심는 것으로 배란을 억제한다. 한 번 심으면 3년간 피임효과가 지속되고 언제든 제거할 수 있으며, 제거하면 임신을 할 수 있다. 사용중 약간의 질출혈이 있을 수 있다.

피임주사제(사야나)는 황체호르몬을 주사하여 배란을 억제하므로 피임효과가 있다. 3개월에 1번씩 주사하므로 매일 약을 먹지 않는 편리함이 있다. 주사제가 작용하는 동안에는 월경이 없을 수도 있으며, 약간의 질출혈이 있을 수도 있다.

그 외에 질 깊숙이 삽입하는 질 링(누바링)이라는 작은 링이 있다. 경구 피임약과 같은 호르몬 성분이 들어있는 질 링을 3주간 질 속에 삽입했다가 7일간은 그걸 뺀다. 그때 월경을 한다. 그리고 8일째에 새 링을 집어넣는다. 매일 먹지 않고 한 달에 한 번씩 사용하는 편리함은 있으나 질 속에 뭔가를 삽입하는 것에 거부감이 있을 수 있다.

장기 피임법으로 자궁내장치가 있다. 의사가 자궁경관을 통해 자궁으로 작은 기구를 집어넣는 방법인데, 한 번 시술로 3~5년간 피임효과를 볼 수 있으며 임신하고 싶을 때는 언제든 빼면 된다. 자궁내장치의 종류에는 구리자궁내장치(노바T)와 호르몬함유 자궁내장치(미레나, 제이디스)가 있다. 황체호르몬이 함유 자궁내장치인 미레나와 제이디스는 확실한 피임효과외에도 월경혈량 감소와 월경통 감소의 이점이 있다.

성관계를 하는 젊은 여성들은 사후에 사용할 수 있는 응급피임약(사후피임약)에 대해서도 알아 두어야 한다. 응급피임약은 피임을 하지 않고 성관계를 한 후에 임신을 예방하기 위해 응급으로 먹는 약이다. 성관계를 한 지 24시간 이내에 복용해야 효과가 있고 늦어도 72시간 이내에 먹어야 한다. 사전에 매일 먹는 경구 피임약의 피임효과가 99퍼센트인데 비해 응급피임약의 피임효과는 평균 85퍼센트로 낮아 응급피임약을 먹고도 임신이 그대로 지속될 수 있다. 그러므로 응급피임약을 먹고 3주가 지나도 생리가 없다면 임신을 확인해야 한다 (우리나라에서는 의사의 처방전을 받아 약국에서 응급피임약을 살 수 있다. 병원이나 약국이 문을 닫는 야간에는 응급실에서 직접 살 수 있다).

자신에게 맞는 피임법을 선택하는 것은 지극히 개인적인 결정이다. 부모나 남자친구에게 여러분이 사용하는 피임법을 말해야 할까, 아니면 비밀로 해야 할까? 이런 프라이버시에 관한 부분들을 생각해 보자. 매일 빼먹지 않고 약을 먹을 수 있을지, 단기간의 피임을 원하는지, 장기간의 피임을 원하는지, 피임효과 외에도 월경혈량이나 생리통 감소 등의 부가적 이점을 원하는지, 고혈압, 비만, 간기능장애, 흡연 등의 건강상의 문제는 없는지를 생각해 보자. 이런 생각들이 자신에게 가장 잘 맞는 피임법을 결정하는 데 도움이 될 것이다.

성관계는 혼자 하는 것이 아니기 때문에 두 사람 다 임신 예방을 위해 노력해야 한다. 책임도 함께 지는 것이다. 여자가 경구 피임약으로 피임을 한다면 남자는 콘돔을 사용하여야 한다. 그렇게 하면 원하지 않는 임신과 성 매개 감염증을 동시에 예방할 수 있다.

─────── **콘돔을 꼭 사용할 것** ───────

콘돔은 라텍스라는 아주 얇은 고무 소재로 가격이 저렴하고 약국이나 일반 슈퍼마켓, 편의점 등에서 쉽게 구입할 수 있다. 콘돔을 올바르게 사용하는 법은 다음과 같다.

• 항상 새 콘돔을 사용한다. 단지 콘돔을 끼우는 데 실패한 경우에도 표면에 정액이 묻어 있을 수 있으므로 버리고 새 것을 사용한다.
• 콘돔은 직사광선이 닿지 않는 서늘한 곳에 보관한다. 지갑이나 자동차 글러브 박스에 넣어 두어서도 안 된다. 색이 바랬거나 손상되었거나 끈적거리는 콘돔은 사용하지 않는다.
• 포장지에 적힌 유통기한을 확인한다.
• 포장을 뜯을 때 주의한다. 치아나 손톱을 사용해서 뜯으면 콘돔이 찢어질 수 있다. 콘돔이 찢어지거나 금이 갔다면 다른 것을 사용한다. 콘돔을 여러 개 구비해 두는 게 좋다.

콘돔 씌우는 법

말린 부분이
바깥쪽을 향하도록
끝부분을 잡고 끼워야 한다

밑으로 끝까지 끼우고,
정액이 모이는 공간인
끝부분을 눌러 공기를 빼 준다
(안 그러면 찢어질 수 있음)

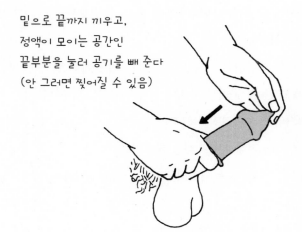

- 음경이 발기한 후 상대의 몸에 갖다 대기 전에 콘돔을 끼운다. 포경수술을 하지 않았다면 콘돔을 끼우기 전에 포피를 뒤로 젖힌다.
- 콘돔이 제 방향으로 풀리는지 확인한다. 말린 링이 바깥을 향해 있어야 한다. 콘돔을 음경에 끼울 때 쉽게 풀리지 않는다면 뒤집혀 있기 때문일 것이다. 그럴 때는 새것을 사용하여 다시 시도한다.
- 윤활제가 더 필요하면 살정제를 바른 콘돔이나 아스트로글라이드 같은 수성 윤활제(흔히 러브젤이라고 하며 약국에서 구입할 수 있다)를 사용한다. 바셀린, 식용유, 베이비오일, 핸드로션 등은 콘돔의 재질을 상하게 할 수 있으므로 유의한다.
- 콘돔의 조그맣게 불룩 튀어나온 끝부분(정액을 모으는 공간)을 쥐고 위에서 아래로 음경이 덮이도록 쭉 내린다. 콘돔에 정액을 모으는 끝부분이 없을 때는 앞쪽에 1.5센티미터 정도 공간을 남겨 둔다. 이때 끝에 공기주머니가 생기지 않도록 끝을 살짝 비틀어 씌운다.
- 사정 직후 음경이 원래 상태로 돌아가기 전에 콘돔을 뺀다. 콘돔이 미끄러지거나 새지 않도록 잘 잡고 빼야 한다.
- 사용한 콘돔은 휴지에 싸서 쓰레기통에 버린다. 화장실 변기에 넣고 물을 내리거나 그대로 놔둬서는 안 된다.

콘돔 사용을 싫어하는 남자

자연스럽지 않고, 감각이 무뎌지고, 돈이 많이 들고, 가게에서 사기 민망하다는 등의 이유로 콘돔을 사용하지 않으려는 남자들이 있다. 하지만 어떠한 이유도 사전 준비 없이 성관계하는 걸 정당화할 수는 없다. 안전한 섹스를 하지 않는 사람들은 성 매개 질환에 걸릴 수 있다. 콘돔 사용을 거부하는 사람들은 이 진실을 외면하고 있는 것이다. 콘돔 사용은 여러분이 그 사람을 얼마나 사랑하는지 혹은 얼마나 믿는지의 문제가 아니다. 안전의 문제다. 상식적인 행동일 뿐이다. 차에 타면 안전벨트를 매고 스케이트보드나 자전거를 탈 때는 헬멧을 쓰는 것과 같은 이치다. 콘돔을 사용하지 않겠다는 남자와는 성관계를 다시 생각해야 한다. 성관계를 할 때는 안전해야 하고, 여러분의 방식에도 맞아야 한다.

임신에 대해 잘못 알려진 사실

여러분은 임신에 대해 얼마나 알고 있는가? 다음은 임신에 대해 잘못 알려진 사실들이다.

• 오르가슴을 느끼지 않으면 임신이 되지 않을 것이다.

- 정액 묻은 손가락을 질에 넣는 것은 임신과 상관없다.
- 서 있는 자세로 성관계를 하거나 성관계를 할 때 아직 초경을 하지 않았다면 임신이 되지 않을 것이다.
- 처음 성관계를 할 때는 임신이 되지 않을 것이다.
- 성관계 후 깡충깡충 뛰면 정자가 빠져나올 것이다.
- 성관계 직후에 질을 씻어 내면 임신이 되지 않을 것이다.
- 지금까지 여러 번 성관계를 했는데도 임신이 되지 않았으니 이번에도 임신이 되지 않을 것이다.
- 사정하기 전에 음경을 질에서 빼내면 피임될 것이다.
- 임신 주차는 임신했거나 성관계한 날을 기준으로 계산한다 (옳은 계산: 직전 월경 시작일을 임신 1주차로 본다. 따라서 임신이 확실할 때는 대개 이미 임신 4주차 이상이다).

남자가 사정하기 전에 음경을 빼내면 임신이 되지 않을 거라고 생각하는 사람들이 많은데, 이것은 그리 권장할 만한 피임법이 아니다. 성관계할 때는 음경에서 쿠퍼액이라는 맑은 액체가 나오는데, 여기에 이전 사정에서 남았던 정자가 들어 있을 가능성이 있다(쿠퍼액 자체에는 정자가 없지만 요도에 남아 있던 정자가 섞여 있을 가능성을 배제할 수 없다). 따라서 이것은 절대 안전한 방법이 아니니 위험한 모험을 해서는 안 된다. 사정하기 전에 남자가 빼내는 것(질외 사정)을 피임법이라고 여기면 안 된다.

십대의 임신

십대가 임신했을 때 선택할 수 있는 방법은 다음과 같다.

양육

뱃속 아기를 낳아서 부모가 될 수 있다. 아기를 낳기로 결정했다면 산전 건강 관리를 시작해야 한다. 임산부를 위한 비타민을 먹고, 술과 담배를 끊고, 가능하면 약도 먹지 않도록 한다. 앞으로 어떻게 할 것인지 남자친구와는 물론 양쪽 가족과도 의논한다. 집, 직장, 경제력, 교육 등을 모두 포함해서 말이다.

가정위탁

아기를 당장 키우지는 못하지만 입양 보내고 싶지 않을 때는 가정위탁의 도움을 받을 수 있다. 가정위탁이란 아동이 가정 내외의 여러 가지 요인(부모의 학대, 방임, 질병, 수감, 경제적 이유 등)으로 친가정 내에서 양육될 수 없을 때, 일정 기간 위탁가정을 제공하여 아동을 보호·양육함으로써 적합한 가정 안에

서 건전하게 성장할 수 있도록 지원하는 전문적인 아동복지
서비스다. 자세한 내용은 장 마지막에 실린 정보를 참조하자
(242쪽 참조).

입양

아기를 낳아 입양 보내는 방법을 선택할 수 있다. 입양은 출
산을 하자마자 바로 시설이나 기관을 통해 진행되는 것이 아
니라, 입양을 결정한 뒤에도 최소 7일간의 숙려 기간이 필요
하며 출생신고(가족관계등록부, 주민등록부에 등록)를 포함한 몇
단계 절차를 거쳐야만 입양을 보낼 수 있다. 입양특례법을 알
아두면 좋다. 성급한 입양으로 아이가 좋은 양부모를 만나지
못하거나, 질병 등으로 친생부모를 찾아야 할 때 어려움을 겪
는 등의 부작용을 막기 위해 만들어진 법이다. 아기를 낳을
생각이라면 산전 건강 관리를 철저히 하고, 의사나 사회복지
사에게 입양에 대해 구체적으로 물어보도록 한다.

응급 피임과 낙태

성폭행을 당했거나 피임을 하지 않은 상태에서 성관계를 한
후 임신이 걱정된다면 성관계를 한 지 72시간 내에 응급피임
약(사후피임약)을 복용한다. 그러면 고용량의 호르몬에 의해

배란을 억제하거나 지연시켜서 임신을 예방할 수 있다(한국은 의사의 처방전이 있어야 응급피임약의 구입이 가능하다. 야간에는 응급실에서도 구입할 수 있다).

태아를 인위적으로 유산시키는 낙태수술은 자궁경관을 확장시킨 후 주걱 모양의 큐렛이라는 수술기구로 자궁벽을 긁어내거나, 흡입기로 빨아내거나, 집게 모양의 기구로 태아를 뜯어내는 아주 위험한 수술이다.

우리나라는 현행법상 합의하에 한 성관계는 물론, 성매매 피해자가 임신한 경우에도 낙태가 허용되지 않는다. 낙태를 허용하는 경우는 다음 다섯 가지로, 본인 또는 성관계한 상대가 대통령령이 정하는 우생학적 또는 유전학적 정신장애나 신체질환이 있는 경우, 본인 또는 성관계한 상대가 대통령령이 정하는 전염성 질환이 있는 경우, 강간 피해를 입어 임신된 경우, 법률상 혼인할 수 없는 친인척 사이의 성관계로 임신한 경우, 임신을 계속 유지하는 것이 산모의 건강과 생명을 해칠 수 있는 경우이다. 그 이외는 다 불법으로 처벌을 받는다.

또 낙태 수술을 한 경우 여러 신체적, 정신적인 후유증으로 고생하게 되므로 원치 않는 임신을 사전에 예방하기 위해서는 전문가와 상의하여 자신에게 맞는 피임법을 꼭 사용해야 한다.

전문기관의 도움

부모님에게 이런 문제를 상의할 수 없다면 전문 상담 기관이나 상담자를 찾도록 한다. 하지만 생명과 직결되는 문제인 만큼 의사와 정신건강 전문가들이 비밀을 지킬 수 없는 경우도 있다. 18세 이하 청소년이 학대를 당하고 있을 때는 상담자가 비밀을 지키지 않아도 된다. 나이 든 남자가 합법적으로 동의할 수 없는 나이의 여자와 성관계를 하는 경우도 마찬가지다. 합법적으로 성관계에 동의할 수 있는 나이는 대체로 만 16세 전후다(한국은 만 13세 미만을 금지 연령으로 규정하고 있는데, 만 16세로 상향 조정하는 것이 논의 중이다).

성 건강과 피임에 관련해서는 미성년자도 스스로 결정하고 방법을 찾을 권리가 있다. 담당 의사가 직접 이런 십대들에게 필요한 의료 서비스를 제공하기도 한다. 하지만 미성년자가 혼자 처방약을 받거나 낙태를 포함한 의료적 처치를 받는 것까지는 허용되지 않는다. 자신에게 어떤 처방이 필요한지 잘 모르겠고 부모님에게 이야기도 할 수 없다면 익명으로 병원에 전화해서 어떤 조치가 필요한지 물어볼 수 있다.

청소년 산모 지원 제도와 단체 연락처

보건복지부 사회서비스 전자바우처(국민행복카드)
- 보건복지부 통합콜센터: 129
- 사회서비스 바우처 콜센터: 1566-0133

  www.socialservice.or.kr

만 18세 이하의 산전관리가 취약한 청소년 산모를 대상으로 임신·출산 의료비를 지원해 준다. 홈페이지에서 서류 양식을 다운로드하여 우편접수하면 된다.

한부모가족

1644-6621

www.mogef.go.kr/withmom/index.do

여성가족부에서 운영하는 사이트로, 어린 나이에 아이를 낳아 홀로 키우는 청소년 한부모를 위한 다양한 지원 사업과 입양 상담 등을 하고 있다.

애란원

02-363-4750

www.aeranwon.org

임신과 출산으로 가족이나 사회와 단절된 미혼 한부모들이 자녀와 함께 생활할 수 있는 시설이다. 애란원과 별도로 임신과 출산으로 학습을 중단한 미혼모 청소년들을 위한 나래대안학교를 운영하고 있다. 나래대안학교는 위탁형 대안학교로 이곳에서 학업을 마치면 재적학교의 학적과 학력이 인정된다.

청소년한부모가족지원제도

저소득층 청소년한부모에게 아동양육비, 검정고시 학습비, 고교생 학비, 자립지원촉진수당을 지원한다. 관할 읍·면·동 주민센터에 문의하면 된다.

한부모가족지원센터

02-2203-8601

www.hanbumocenter.org

무료 개인상담, 집단상담, 자녀교육, 싱글맘 부모교육, 싱글대디학교, 자조모임 등을 통해 한부모가정을 지원하고, 정부지원 등의 정보를 제공해준다.

가정위탁이란?

입양은 아동의 친권을 포기하고 입양부모의 호적에 입적시키는 것이지만 가정위탁은 친가정 복귀를 목적으로 하기 때문에 위탁부모는 아이의 주민등록상 주소지만을 이전하여 동거인의 자격으로 아이를 양육하는 것이다. 1년 미만의 단기보호부터 장기보호까지 가능하며 친가정에 복귀할 때까지 친부모, 위탁부모, 가정위탁지원센터 그리고 시·군·구가 함께 협력하여 아동을 보호한다.

가능하다면 아동은 한 가정에 머물수록 좋다. 가정위탁의 궁극적 목적이 친가정 복귀이므로 아동이 친부모와 만나는 것은 물론 가능하며, 권장되기도 한다.

중앙가정위탁지원센터

1577-1406 www.fostercare.or.kr

초록우산어린이재단 가정위탁지원센터

1588-1940 www.childfund.or.kr

13
성 매개 감염증

어떤 형태의 성관계를 하든(오럴, 항문, 질) 두 사람 모두 성 매개 감염증에 걸릴 수 있다. 그렇다면 두 사람 모두 안전하기 위해서는 어떻게 해야 할까? 가장 효과적인 방법은 콘돔을 사용하는 것이다. 앞에서도 말했지만 이미 성관계를 시작한 사람들은 검사를 받아야 한다. 자신이 깨끗하고 아무런 병에 걸리지 않았다고 말하는 것만으로는 부족하다.

성 매개 감염증에는 약간 불편하긴 해도 치료가 가능한 감염증이 있고, 통증이 심할 뿐 아니라 그 후유증이 영원히 남는 감염증도 있다. 성관계를 한다는 것은 두 사람이 연결된다는 것이다. 건강도 마찬가지다. 서로 좋아하는 사이라면 상대의 안전과 건강을 지켜 줘야 하지 않을까.

～～～ 꼭 알아야 할 감염증 상식 ～～～

• 감염증의 종류는 다양하다. 성인에게는 불임을, 아기에게는 선천적인 결함을 일으킬 수 있는 심각한 질병이 있고, 만성 질환으로 이어지는 질병도 있다.

• 치료할 수 있는 병도 있지만 치료하지 못하는 병도 있다.

• 몇 번이고 같은 병에 걸릴 수 있다.

• 출산이나 모유수유를 통해 엄마에게서 아기에게로 병이 전해질 수 있다.

• 때때로 별다른 증상이 없거나, 다른 병과 똑같은 증상을 나타내는 감염증이 있다. 독감 증상으로 착각하는 일도 있다. 의사의 검진을 받아야 확실하게 알 수 있다.

• 구강, 항문, 질 성관계를 통해 감염증에 걸리거나 감염증을 전염시킬 수 있다.

• 감염된 사람과의 성적인 접촉은 물론 그 사람의 욕창이나 물집, 돌기, 무사마귀, 입이나 코의 점막, 피부에 닿았을 때도 병에 걸릴 수 있다.

• 감염된 주사기나 주사침, 문신 바늘, 보디 피어싱(body piercing)이나 주얼리 피어싱 바늘, 레이저, 매니큐어나 페디큐어 도구를 같이 사용해도 감염증이 전염될 수 있다. 째고, 긁고, 몸속으로 들어갈 수 있는 어떤 형태의 도구든 마찬가지다.

감염 사실을 모를 수도 있다

대부분의 감염증은 별 증상이 없다. 치명적인 감염증도 길게는 10년이 넘도록 증상이 나타나지 않는 잠복기를 거치기도 한다. 그래서 누가 병에 걸렸더라도 그걸 모를 수 있다. 겉보기에는 감염증이 있는 사람과 없는 사람을 구분하기가 쉽지 않다는 뜻이다.

통증, 열, 질 분비물, 음경 분비물, 소변볼 때 아프거나 생식기가 쓰리거나 오돌토돌하게 뭐가 나는 등의 증상이 나타나면 상대와 같이 병원에 가 본다. 병에 걸렸을 때는 상대의 안전도 꼭 확인해야 한다.

1년에 한 번, 또는 새로운 사람과 관계를 시작할 때 병원 검진을 받도록 한다. 일반적인 감염증은 간단한 소변 검사만으로도 확인할 수 있다.

감염증은 박테리아나 바이러스 때문에 일어나는데, 대체로 박테리아 감염은 항생제로 치료가 가능한 반면에 바이러스 감염은 치료가 쉽지 않고 지속적인 관리를 요하는 만성 질환이 될 수 있다.

박테리아 감염

클라미디아　클라미디아는 십대에게 많이 발병하는 가장 흔한 성 매개 감염증이다. 전혀 증상이 없기도 하고, 월경 기간이 아닌데도 질에서 피가 나오기도 한다. 질 분비물이 많아지거나, 소변볼 때 화끈거리는 등의 통증이 있거나, 남자의 경우 음경에서 분비물이 나오기도 한다. 클라미디아에 여러 번 감염되면 나중에 아이를 갖는 데 문제가 생길 수 있다.

　이 질병은 항생제로 치료가 가능하다. 대부분의 의사들은 치료 후에 질병이 다 나았는지 확인하기 위해 다시 "검사"를 받으러 오라고 할 것이다. 상대도 같이 치료를 받는 게 중요하다. 그렇게 하지 않으면 성관계 시 다시 감염될 가능성이 크다. 다른 감염증처럼 클라미디아도 최선의 예방책은 콘돔을 사용하는 것이다.

임질　임질에 걸리면 초록색이나 갈색의 분비물, 질 출혈, 골반 깊은 곳에 통증이 나타날 수 있고, 전혀 증상이 없을 수도 있다. 이 박테리아가 혈류를 타고 관절 같은 몸의 다른 부위들을 감염시키기도 한다. 임질에 걸린 상대와 오럴 섹스를 하면 후두염에 걸릴 수 있다. 임질은 출산 시 아기에게도 전해질 수 있기 때문에 임신 기간 동안 모든 임산부는 임질 검사를 받아야 한다.

이 질병 역시 항생제로 치료가 가능하다. 상대도 함께 치료받도록 한다. 페니실린 G, 세프트리악손, 독시사이클린 같은 항생물질들이 주로 치료제로 사용된다.

매독　매독은 박테리아 감염증 중에서 가장 심각하고 위험한 병이다. 초기 증상이 6주에서 10주까지 이어지는데, 심한 통증, 경성하감(매독균의 침입으로 음부에 생기는 통증 없는 피부병, 단단하고 조그만 종기가 생겼다가 차차 헐게 된다), 림프절 종대(겨드랑이나 목, 사타구니 부근 림프절이 부어오른다) 같은 증상이 나타날 수 있다. 아무런 증상도 관찰되지 않는 잠복기가 이어지다가 2기로 접어들었을 때 발진이 일어나는 경우도 있다. 마지막 단계가 되면 이 감염증이 신경계와 다른 신체기관들을 공격하게 된다. 드물긴 하지만 치료 불가능한 정신 질환, 마비, 심한 통증이 나타날 수도 있다.

매독은 페니실린 같은 항생제로 치료가 가능하다. 안전한 섹스를 하면 전염 확률이 낮아지지만, 애무와 전희 과정에서 점막이나 궤양을 통해서도 이 병이 전염될 수 있다.

바이러스 감염

바이러스 감염증들은 치료로 증상을 완화시킬 수는 있지만 근본적으로 치료할 수는 없다.

인간 유두종 바이러스(HPV, Human Papiloma Virus) 생식기 사마귀 라고도 불린다. 이 바이러스는 생식기 내부나 외부, 그리고 목 에 매우 전염성 강한 무사마귀(물혹이라고도 한다)를 만들어 낸 다. 무사마귀는 자궁경부암을 유발할 수 있기 때문에 여성의 자궁경관에 가장 위험하다. 2007년 9월에 HPV 예방 백신이 승인되어 이제 남녀 모두에게 널리 이용되고 있다. 6개월에 걸쳐 3회 주사를 맞으면 되는데, 이 예방 백신은 생식기 무사 마귀 예방에 매우 효과적이다.

간염 A형, B형, C형 간염 바이러스는 성적 접촉을 통해 전해 질 수 있고, 전염성도 매우 강하다. 심하면 간암과 사망까지 유발한다. 개인적으로 위생이 좋지 않거나 오염된 물이나 음식을 먹었을 경우 A형 간염에 걸릴 수 있고, 비위생적이거나 오염된 주삿바늘을 통해 B형과 C형 간염이 전염될 수 있다. A형과 B형은 백신으로 예방할 수 있지만 C형에 대한 백신은 없다. B형 간염 백신은 1995년부터 필수예방접종 항목에 포함되어 6개월이 지난 모든 영유아에게 예방접종을 실시하고 있으므로, 다들 아마 B형 예방 백신은 맞았을 것이다.

B형 간염은 성적 접촉을 통해 가장 흔하게 전염된다. 키스를 하거나 칫솔을 같이 쓸 때 침으로 전달될 수 있기 때문에 에이즈보다 더 전염력이 강하다고 해야 할 것이다. 증상으로는 피부와 눈이 노래지고, 열과 구토 증상이 동반되기도 한다. 관찰할 만한 증상이 없는 경우도 많다.

단순포진 바이러스(HSV, Herpes Simplex Virus) 이것은 매우 흔하게 퍼져 있는 질병이고, 대부분 증상이 전혀 없거나 있더라도 아주 약하게 나타난다. 그래서 자신이 단순포진 바이러스를 지니고 있고 그걸 전염시킬 수 있다는 사실을 전혀 모르는 채 살아가는 사람들이 많다. 간혹 신체적으로나 정서적으로 스트레스가 심할 때 작은 물집이 반복적으로 생기면서 통증이 나타나기도 한다. 이것을 만져서 터뜨리면 매우 전염성 강한 액체가 흘러나온다. 단순포진 물집은 얼굴(심지어 눈이나 입에도 생길 수 있다)이나 신체의 다른 부위에도 나타난다. 생식기 외부나 내부도 예외가 아니다.

약을 먹으면 몸속에 있는 바이러스를 공격해 빠르게 나을 수 있지만, 완벽하게 치료되지는 않는다. 바이러스가 다시 언제든 활발해질 수 있다는 뜻이다. 대체로 입술이나 입안, 입가에 물집이 생기는 경우는 HSV-1과 관련이 있고 생식기에 생기는 물집은 HSV-2와 관련이 있다.

임신했을 때는 의사에게 꼭 단순포진 바이러스에 감염되었다는 사실을 알려야 한다. 신생아에게 매우 심각한 위험이 닥칠 수 있기 때문이다. 출산할 때 물집이 잡혀 있는 상황이라면, 아기가 바이러스에 감염되지 않도록 제왕절개로 분만해야 한다.

인체 면역 결핍 바이러스(HIV, Human Immunodeficiency Virus) 에이즈 유발 바이러스인 HIV에 감염되는 인구가 가장 빠르게 늘고 있는 집단은 15세에서 24세 사이의 젊은층이다.

인체 면역 결핍 바이러스는 에이즈를 일으킨다. 10년 넘게 이 바이러스에 감염되어 HIV 양성인 상태로 있다가 어떤 증상들이 나타남으로써 자신이 남을 감염시킬 수 있다는 사실을 알게 되는 경우도 있다. 특별하게 조합한 약물들을 복용하면 에이즈에 이르지 않고 건강한 생활을 해 나갈 수 있다.

HIV 양성인 사람은 매일 약을 먹고 정기적으로 혈액 검사를 해야 한다. 약을 잘 먹으면 혈액 검사에서 바이러스가 나타나지 않는 경우도 많기 때문에, HIV 양성인 사람들도 아무 문제 없이 잘 살아갈 수 있다.

에이즈(AIDS, Acquired Immune Deficiency Syndrome)   에이즈는 질병을 퇴치하는 신체 보호 능력을 파괴하기 때문에 성 매개 감염증 중에서도 가장 위험한 병이다. 특정 질환으로 나타나는 것이 아니라 개개인의 신체 보호 능력을 파괴하는 질병으로, 나타나는 증상 또한 에이즈에 걸려 심하게 앓다가 죽게 되는 사람 수만큼 매우 다양하다.

이렇듯 에이즈는 꽤 위험하고 치명적인 질병이기 때문에, 사람들은 HIV 양성인 사람들 주위에 있거나 그들을 만지거나 혹은 그들이 만진 것에 손을 대는 것만으로도 감염되지 않을까 불안해한다. 하지만 가벼운 접촉으로는 이 질병에 감염되지 않는다. HIV는 감염된 체액과 그 체액으로 오염된 도구들과 접촉했을 '때에만' 전염된다.

다음과 같은 경우 HIV에 감염될 수 있다.

- 콘돔 없이 질, 구강, 항문 성관계를 하다가 감염된 정액이나 질 분비물이 몸속으로 들어가면 감염될 수 있다. 질, 입, 직장 내의 연약한 세포막들이 그 바이러스를 흡수할 수 있으며, 성관계 시에 긁히거나 찢어지면 더 빠르게 흡수된다.
- 찢어진 피부, 점막, 눈, 또는 몸을 뚫고 들어가거나 자르는 데 쓰이는 도구를 통해 감염된 피가 몸속으로 들어가면 감염될 수 있다.
- HIV 양성인 여성이 모유수유를 하면 아기에게로 바이러스가 전달된다.
- 엄마가 예방약을 먹지 않으면 출산 시 HIV가 아기에게 전달될 수 있다. 따라서 모든 임산부는 임신 기간 중에 HIV 검사를 받아야 하고, 양성인 경우에는 약물 치료를 받아야 한다.

과학자들이 처음 에이즈를 인식한 것은 1980년대부터다. 처음에 에이즈를 진단받은 사람들이 게이들이라서 에이즈가 동성애와 관련되어 있다는 잘못된 인식이 확산되었지만 누구든 HIV에 걸릴 수 있다.

14

성적 학대와 성폭력

성적 학대를 당한 적이 있는 사람은 그 일에 크게 영향을 받는다. 자존감이 낮아지고, 사람에 대한 믿음이나 관계를 유지해 나가는 데 문제가 생긴다. 자기 몸에 대한 인식과 행동에도 부정적인 영향이 나타난다. 다시 말해 성적 학대는 학대당하는 사람의 정체성 자체에 나쁜 영향을 미치게 된다.

그렇다면 성적 학대란 무엇일까. 그리고 여러분이 그 피해자이거나 피해를 입은 누군가를 알 때는 어떻게 해야 할까. 남자아이나 여자아이 할 것 없이 누군가로부터 성적 학대와 원치 않는 성적 접촉을 경험할 수 있기 때문에 이 사실을 아는 것은 중요하다(2010년 한국 아동 성폭력 상담 통계에 따르면 가해자가 지인인 경우의 비율이 성인은 80퍼센트 정도지만 아동은 90퍼센트 이상이었다).

성적 학대란?

성적 학대란 상대로부터 원치 않는 성적 행동을 강요당하는 것이다. 누군가 성적인 느낌으로 여러분의 신체를 만지거나, 자신의 성기를 보여 주거나, 음란한 사진들을 들이대거나, 그 외에 다른 어떤 식으로든 원치 않는 성적인 행동을 할 때, 그 모든 것이 성적 학대에 해당한다. 이런 행위는 위법이며, 이 세상 누구도 그런 짓을 할 권리는 없다.

성적 학대는 다양한 방식으로 일어날 수 있다. 그런 행위를 단 한 번 하더라도 모두 위법이다.

성적 학대 피해자 대처법

성적 학대를 당한 적이 있는 사람은 그 사건에 대해 말하기가 쉽지 않다. 하지만 아무리 힘들더라도 꼭 말해야 한다. 자신을 이해하고 믿어 주는 부모님이나 그 분야의 전문가를 찾아가 사실을 반드시 털어놓아야 한다. 침묵의 벽을 깨고 누군가에게 고백하는 것이 치유의 첫 단계다. 그들이 여러분의 말을 믿어 준다는 전제하에서 말이다.

다행히 도움을 청할 만한 단체들이 많이 있다. 장 마지막에 정보를 수록해 놓았다(272쪽 '성폭력, 성매매 피해 상담과 도움 주는 단체 연락처' 참조). 친구, 가족, 전문가의 도움을 받으면 성적 학대의 충격을 극복하고 자기 자신과 다른 사람들과의 관계에 대해 보다 긍정적으로 생각할 수 있을 것이다.

만약 성적 학대를 당했다면 그것은 절대로 여러분의 잘못이 아니다. 무슨 일이 일어났건, 어떻게 일어났건, 얼마나 자주 일어났건, 다른 누군가가 관련되어 있건 그건 여러분의 잘못이 아니다. 여러분에겐 아무런 책임이 없다.

- 여러분이 그 학대를 받아들였다 하더라도
- 기분 나쁘지 않았다 하더라도
- 그 일이 몇 달이나 몇 년 동안 한 번 이상 일어났다 하더라도 그건 여러분의 잘못이 아니다.

성적 학대 피해자가 알아야 할 것

어렸을 때 성적 학대를 당한 사람은 세상에서 자기 혼자만 그런 일을 당한 것 같고 모든 게 끝나 버린 것처럼 느껴질 것이다. 다시는 어느 누구도 만나고 싶지 않은 마음이 들 수도 있다. 이런 반응은 이해할 만하지만, 그것이 종종 행복하고 건강한 관계로 가는 길을 방해한다는 것을 알아야 한다. 적당한 선을 유지하고, 잘 모르는 상대와의 가벼운 성관계에는 싫다고 말할 줄 알아야 한다. 성적 학대의 기억에 부정적인 성 경험까지 추가하고 싶지 않다면 말이다.

성적 학대를 당한 사람들은 다양한 방식으로 반응한다. 비교적 빠르게 털고 일어나는 사람이 있는가 하면 우울하고, 두렵고, 더럽고, 자신이 혐오스럽고, 심지어 그 일을 겪은 후 한동안 자살 충동에 시달리는 사람도 있다. 스스로를 상처입혀서 그 고통을 마비시키려는 경우도 있다.

어렸을 때 성적 학대를 당한 사람은 새로운 사람을 만날 때 그 사람이 진실하고 믿을 만한 사람이라도 쉽게 관계를 진전시키지 못한다. 성적인 접촉이 있을 때 두려움, 분노, 죄책감이 뒤섞인 상태로 육체적 기쁨을 느끼는 모순된 감정에 빠지기도 한다.

학대가 여러 번 반복되었다면 그 학대에 대처하는 자기만의 정신적 습관들이 생겨날 수 있다. 몸과 마음을 분리시키거나, 주변 환경으로부터 자신을 분리시키거나, 아무 감각이 느껴지지 않게 자신을 마비시키는 것 같은 반응을 보일 수 있는데, 그런 경험을 하게 되더라도 스스로가 미친 게 아닐까 걱정할 필요는 없다. 그것은 여러분이 상황을 회피하기 위해 스스로 도움이 될 만한 정신적 전략을 찾아냈다는 신호다. 다시 말해서 나름대로 머리를 굴린 것이다.

하지만 근본적으로 고통으로부터 치유되려면 성적 학대 피해자들을 전문적으로 상담해 온 기관이나 사람에게 도움을 받는 것이 좋다.

만약 성적 학대를 당했는데, 부모님에게는 말을 못하겠고 개인적으로 아는 어른에게 말하고 싶다면 학교 선생님, 보건 선생님, 의사, 종교 지도자, 친척이나 다른 친지를 찾아가도록 한다. 여성긴급전화 1366과 같이 성적 학대, 폭행, 근친 성폭행 피해자들을 도와주는 상담전화도 있다. 경찰에 신고하는 것도 방법이다.

성폭행 상담전화는 무료이고 비밀 보장이 된다. 그래도 불안하다면 성폭행 상담을 할 때 익명 상담을 요청하면 된다. 이름을 비롯해서 어떠한 개인 정보도 밝힐 필요가 없다. 여러분이 사는 지역에 도움을 제공해 줄 수 있는 단체가 있는지, 경찰에 그 범죄를 알리려면 어떤 절차를 밟아야 하는지, 성폭행의 충격에서 벗어나려면 어떻게 해야 하는지 등 여러분이 궁금해하는 부분에 대해 답을 얻고 필요한 정보도 얻을 수 있을 것이다.

여러분이 성폭행을 당했다고 밝히면 대부분은 따뜻한 반응을 보일 것이다. 하지만 무신경한 반응과 맞닥뜨리게 되더라도 아래 사항들을 염두에 두기 바란다.

- 성폭행을 당한 것은 여러분의 잘못이 아니다. 여러분이 그 사람에게 호감이 있었다고 하더라도 마찬가지다.
- 여러분의 몸, 외모, 옷이 성폭행을 유발했다는 것은 절대 평계가 될 수 없다. 성폭행은 누구의 몸, 외모, 옷 때문에 일어나는 게 아니다.
- 여러분에게 문제가 있어서 그런 일이 벌어진 게 아니다. 그것은 전적으로 그 범죄자의 문제 때문에 생겨난 일이다.
- 그 사건을 성적인 경험이 아니라 단순한 폭력으로 생각하면 다른 사람들에게 이야기하는 게 더 쉬워질 것이다.

성적 학대의 종류

성희롱

성희롱이란 누군가 여러분에게 원치 않는 성적인 관심을 보이며 반복적으로 괴롭히고 불편하게 만드는 것을 말한다. 성희롱의 형태에는 두 가지가 있다.

1. 여러분이 어떤 위협을 피하거나 혜택을 얻기 위해 원치 않는 성적인 접촉을 참아 내야 하는 경우. 예를 들어 상대의 요구를 들어주지 않으면 나쁜 점수를 받게 되거나 스포츠 팀에서 원하는 자리에 가지 못하리라고 여겨질 때, 상대의 성적 접촉은 성희롱에 해당한다.
2. 다음과 같은 식으로 여러분에게 불쾌한 느낌을 불러일으킨다면 그것 역시 성희롱에 해당한다.

- 성적인 느낌으로 여러분을 평가하거나 칭찬하거나 휘파람을 불거나 놀리거나 집적거린다.
- 성적인 루머를 퍼뜨린다.
- 성기를 내보인다.
- 원치 않는 성적 접촉을 시도하고 몸을 더듬는다.
- 여러분의 사물함이나 페이스북에 성적인 그림을 남겨 놓는다.
- 여러분의 동의 없이 성적인 언급이나 농담을 한다.
- 큰 소리로 여러분에게 동성애자냐고 물어보거나 비난하거

나 동성애자를 따라다니며 괴롭힌다.

• 섹스하자고 넌지시 암시한다.

• 성적인 사진을 보이거나 보낸다.

위에 나열한 행위들은 모두 명백한 성희롱이고 위법이다. 그럴 때는 그런 식으로 행동하지 말라고 분명하게 말하고, 그래도 계속될 경우 윗사람이나 다른 힘 있는 사람에게 알리겠다고 경고한다.

또는 성희롱한 당사자에게 '당신이 내게 어떤 행위를 했는데 다시는 그러지 않기를 바란다. 그런 행동을 그만두지 않으면 다른 사람에게 알릴 수밖에 없다'라는 내용의 편지를 보낸다. 보내기 전에 편지에 날짜를 적어서 복사해 둔다. 이런 서류는 성희롱 문제로 법정 다툼이 일어날 때 중요한 증거 자료가 된다.

꾸준히 일기를 쓰거나, 언제 어떤 사람과 관련해서 어떤 사건이 일어났고 여러분은 무슨 말을 했으며 학교나 회사가 어떤 조치를 취했는지 등을 상세히 기록해 둔다. 고소해야 할 경우 그게 여러분의 말에 신빙성을 더해 줄 것이다. 여러분이 성희롱당하고 있다는 사실을 학교에 알렸는데도 그 행위를 멈추지 않고, 학교도 방관한다면, 모두 법을 어기고 있는 것이다.

아동 · 청소년 성추행

아동 · 청소년 성추행이란 어린아이나 십대에게 그들이 원치 않는 직접적인 성 접촉을 하는 것이다. 이것 역시 위법이다.

성추행을 시도하는 자들은 선물을 안겨 주거나, 재미있는 곳에 데려가거나, 친구나 멘토처럼 행동하기도 한다. 여러분이 어른을 존경하고 순종해야 한다고 배웠을 것이란 점을 악용해서, 자신의 권위를 이용하여 성적인 행위를 유도하기도 한다.

그 사람이 여러분이 사랑하는 누군가일 수도 있고, 그 사람이 하는 행동이 아프다기보다 부드럽고 다정하게 느껴질 경우, 그게 잘못된 것인지 혼란스러울 수도 있다. 직접적으로 신체 접촉을 하지는 않지만 다른 여러 가지 방법으로 괴롭히고, 당황스럽게 만들고, 두려움을 일으키는 경우도 있다. 여러분이 싫어하는데도 그 사람이 자신의 뜻대로 밀고 나가려고 위협한다면 이 역시 학대라고 할 수 있다.

근친 성폭력

근친 성폭력은 가족 중 누군가가 어린아이나 십대에게 성적인 행동을 하는 것이다. 부모, 조부모, 숙모나 삼촌, 사촌, 자매, 형제 누구든 아이에게 성적인 행동을 하는 것은 위법이다.

근친 성폭력의 희생자들은 일어나고 있는 그 일이 전혀 문제될 게 없다는 말을 자주 듣는다. 학대하는 사람이 위협을 가하기도 한다. 학대당하는 사람이 그게 학대인지 알아차리지 못하는 경우도 있고, 누구에게 도움을 청해야 할지 도움을 청할 만한 곳이 있는지조차 전혀 모르기도 한다. 누군가에게 말을 했다가 무슨 일이 일어날지 두렵고, 상대가 그 말을 믿어 주지 않을까 봐, 창피를 당하게 될까 봐, 학대하는 그 사람에게 일러바칠까 봐 겁이 날 수도 있다.

학대하는 사람이 부모 중 한 사람이라면 다른 쪽 부모에게 그 사실을 말하더라도 믿어 주지 않는 경우가 있다. 때로는 학대를 인지하더라도 그 일을 덮기 위해 아무런 조치를 취하지 않기도 한다.

학대하지 않는 부모가 학대하는 부모의 행동을 중단시키지 않는 데에는 여러 가지 이유가 있을 수 있다. 그 사람에게 의식주를 의지하고 있기 때문에, 문제를 바로잡기 위해 나섰다가는 자칫 모든 것을 잃어버리게 될까 봐 그저 방관자로 남게 되는 경우도 있을 것이다.

한편 아주 어릴 때 아이들이 이성의 몸에 호기심을 느끼고 만져 보려는 경우가 있다. 이런 아이들의 행동은 근친 성폭력과는 다르다. 7~8세쯤 비슷한 또래의 남녀 사촌들이 "병원

놀이" 같은 것을 하면서 상대의 몸을 만지기도 하지만, 시간이 지나면 더 이상 그런 행동을 하지 않게 된다.

성폭력: 성추행과 강간

성추행(강제추행)은 성관계를 하지는 않더라도 가슴이나 엉덩이, 생식기 등을 만지는 것을 포함해서 성적인 접촉을 강요하는 것이다. 당연히 법에 어긋나는 행위다.

강간은 상대가 동의하지 않은 상태 혹은 술에 취하거나 의식을 잃은 상태에서 억지로 성관계를 맺는 것이다.

그 외에 데이트 강간이라는 것이 있다. 데이트 강간은 데이트하는 상대나 익히 알고 있던 친구로 인해 문제가 발생한다. 데이트 강간이 무엇인지 확실하게 알고 있어야 한다. 성적인 접촉을 시도하는 사람에게 하지 말라고 분명히 말했는데도 그 행위를 계속한다면 그것은 성폭력이다. 싫다는 뜻을 분명히 밝혔는데도 강제적으로 삽입할 경우에는 강간이 된다.

데이트 강간과 강제추행은 술과 밀접한 관련이 있다. 많은 이들이 술에 취해 정신이 혼미하거나 자신의 의지로 성관계에 동의할 수 없을 만한 상태에서 강제추행이나 데이트 강간을 당한다. 고등학교 시절 말부터 대학 초년생 사이에 데이트 강간 비율이 특히 높다.

일부 가해자들은 바륨 같은 신경안정제보다 더 강력한 수면제 "로히프놀(일명 루피스)"을 피해자의 술이나 음료에 섞어 정신을 잃게 만든다. 이 약이 미국에서는 불법이지만, 유럽과 라틴아메리카 몇몇 지역에서는 합법이다. 자기도 모르게 이 약을 삼키면 몸이 마비되면서 머리가 빙빙 돌고, 눈앞이 흐릿해지고, 꿈을 꾸는 것처럼 느껴진다. 약효가 매우 강력하기 때문에 피해자가 성폭행을 당한 사실을 기억조차 못하기도 한다. 그래서 로히프놀과 그 비슷한 약들이 데이트 강간에 사용되기도 한다. 여러분이 안 보는 곳에서 만들어진 어떠한 음료나 펀치도 마셔서는 안 되는 이유다. 술을 마실 때는 그 술이 조합되는 과정이나 병뚜껑 따는 것을 직접 눈으로 확인하도록 한다.

상대에게 관심이 있다 하더라도 그 사람이 기꺼이 받아들일 수 있는 수준보다 더 멀리 가서는 안 된다. 성적으로 너무 몰아붙여서도 안 된다. 데이트를 시작할 때 키스도 하고 싶고 몸도 만지고 싶을 것이다. 하지만 너무 빨리 충동적으로 성관계 단계로 들어가서는 안 된다. 천천히 자연스럽게 진행시켜야 한다. 키스나 애무를 하더라도 여러분이나 상대가 원한다면 언제든 그만둘 수 있어야 한다. 상대가 그만하라고 하면 그 말을 존중해야 한다. 여러분의 허락 없이는 그 누구도 "조금 더 밀고 나갈" 권리가 없다.

강간 같은 육체적인 공격은 몸과 마음에 상처를 입힐 뿐 아니라 임신으로 이어질 수 있고, HIV나 에이즈를 포함한 성 매개 질환을 일으킬 수 있다는 사실을 기억해야 한다.

성적 학대 대처법

이런 문제들은 자신이 뭔가 이상하다고 느꼈다면 그 느낌을 무시하지 않는 것이 중요하다. 일반적으로 젊은 사람들은 다른 사람이 뭔가 이상한 짓을 하려고 하면 금세 알아차릴 수 있다. 어떤 사람이나 상황이 왠지 모르게 이상하거나 불편하게 느껴진다면 정신 바짝 차리고 주의를 기울여야 한다. 얼른 그 상황을 피하거나 도망쳐 나와야 한다. 그저 상상일 뿐이겠거니 생각해서는 안 된다. 상대의 감언이설에 넘어가서도 안된다.

별다른 피해 없이 그 상황에서 벗어났다면 부모님이나 믿을 만한 어른에게 상황을 알리고 그때 느낀 기분을 이야기한다. 구구절절 이유를 설명할 필요는 없다. 여러분이 이유를 모를 수도 있다. 하지만 그 사람 때문에 여러분이 얼마나 오싹한 혹은 징그러운 느낌이었는지 알려야 한다.

여러분이 원하지 않는 한 어느 누구도 성관계를 강요해서는 안 된다. 엄마, 아빠, 할머니, 할아버지, 삼촌, 형제, 사촌, 동네 사람, 선생님, 성직자, 랍비, 코치, 베이비시터, 남자친구, 여자친구, 낯선 사람 누구든 여러분을 성적으로 괴롭히거나 성적인 행위에 억지로 끌어들일 수는 없다.

만약 괴롭힘을 당하면 "싫어!" 또는 "그만해!"라고 말한다. 말하는 것을 절대로 두려워해서는 안 된다. 필요하다면 소리라도 질러야 한다.

성관계와 관련해서 "Yes"라는 말은 "이번 한 번만" 좋다는 뜻이다. 그 후에 다시 성적인 뭔가를 원할 때는 그때마다 다시 상대의 동의를 얻어야 한다. 두 사람이 이미 성관계를 하는 사이라 해도, 양쪽 다 언제든 "싫다"라고 말할 수 있다.

〰〰〰〰 성폭력범의 거짓말 대처법 〰〰〰〰

성폭력범들은 피해자의 입을 틀어막으려고 온갖 거짓말을 늘어놓는다. 그들이 주로 하는 거짓말과 그에 관해 여러분이 알아야 할 진실은 다음과 같다.

거짓말 "나랑 말하지 않기로 약속했지? 그러니까 절대로 말하면 안 돼."

진실　성추행범이 원하는 대로 약속만 해 주고 도망쳐 나와
라. 그는 정신이 병든 범죄자다. 범죄자에게 한 약속은
지킬 필요가 없다.

거짓말　"이 일을 다른 사람한테 말하면 혼날 줄 알아. 네 가족
이나 친구가 다칠 수도 있어. 아니면 네가 사랑하는
강아지를 죽여 버릴 거다."

진실　당장 신고해야 한다! 경찰이 도와줄 것이다.

거짓말　"우린 지금 특별한 사랑을 나누는 거야." 또는 "넌 나
한테 둘도 없는 친구야. 그러니까 친구끼리는 서로의
비밀을 지켜 줘야 해."

진실　그 사람이 여러분을 사랑하거나 진짜 친구라면, 여러
분이 어떠한 해코지도 당하지 않게 지켜 줄 것이다. 당
연히 성적으로 학대하지도 않을 것이다. 여러분이 그
사람을 아무리 사랑하더라도 다른 어떤 누구보다 자
기 자신을 더 사랑해야 한다는 점을 잊어서는 안 된다.

거짓말　"이런 이야기 하면 사람들이 다 널 욕할 거야."

진실　대부분의 사람들은 성적으로 학대당한 아이가 비난당하는 것을 얼마나 두려워할지 알고 있다. 그것이 절대 그들의 잘못이 아니라는 것도 잘 알고 있다.

거짓말　"네가 말해 봤자 아무도 안 믿어 줄걸."

진실　대부분의 사람들은 아이가 성적으로 학대당한 것에 대해 말하는 게 대단히 힘들고 그것에 관해 거짓말하는 일이 드물다는 것을 알고 있다. 여러분의 말을 믿지 않는 사람도 일부 있을 것이다. 특히 가족 중 누군가에게 학대당했다는 것을 다른 가족에게 말할 경우에는. 당장 경찰서에 전화하거나 믿을 만한 어른에게 알린다. 가능한 한 많은 어른들에게 계속 말해야 한다.

거짓말　(근친 성폭행의 경우) "그 일을 이야기하면 집안이 풍비박산 날 거야. 그럼 넌 고아가 될걸."

진실　이 가정은 이미 깨졌다. 오히려 그 이야기를 하는 편이 여러분의 가정을 위해 더 나을 것이다. 어딘가에 도움이라도 청할 수 있을 테니 말이다.

거짓말　"네가 말하면 난 감옥에 갇히게 돼."

진실 성범죄자가 법을 어겼더라도 판사가 수감 대신 상담을 받도록 결정할 수 있다. 하지만 그 사람이 감옥에 가지 않더라도 여러분은 보호받을 수 있다.

거짓말 "너랑 나랑 오래됐잖아. 사람들은 당연히 너도 이걸 원했을 거라고 생각할 거야."

진실 대부분의 사람들은 피해자가 자신을 방어할 능력이 없을 때 성적 학대가 오랫동안 이어질 수 있다는 것을 알고 있다.

─────── **성폭력 피해자 대처법** ───────

다음은 강간이나 성추행을 당했을 때 해야 할 일이다.

- 몸을 씻거나 더러워진 옷을 없애지 않는다. 몸과 옷가지는 중요한 증거 자료가 된다.
- 경찰이나 상담 기관에 전화를 걸어 자신의 상황을 알린다.
- 병원에 가서 "강간 검사"를 받는다. 특별히 훈련받은 의료진이 강간 증거를 모으도록 도와줄 것이다. 남자 의사에게 검진받는 게 불편하다면 여자 의사를 불러 달라고 한다. 여

자 의사가 없을 때는 여자 간호사 등에게 옆에 있어 달라고
요청한다(장 마지막의 통합지원센터 정보 참조).

- 병원에서 심리 상담이나 후속 상담을 받게 될 수 있다.
- 다음 몇 주간 성 매개 질환과 임신 검사를 받아야 할 것이
  다. 강간당한 후 6개월쯤 지났을 때는 HIV 검사도 받는 게
  좋다.
- 성폭행 피해자들 모임에 나가는 것도 고려한다. 정서적인
  치료에 도움이 될 것이다.

성적 학대를 숨기면?

여러분이 성적 학대를 받고 있는 사실에 대해 입을 다물고 있
으면 다음과 같은 결과가 나타날 수 있다.

- 성추행 사실을 누군가에게 알리지 않으면 아마 이 끔찍한
  비밀이 여러분의 삶과 여러분이 하는 모든 일에 영향을 미
  칠 것이다. 10년, 20년, 심지어 30년 이상 지난 뒤에도 그
  학대의 경험을 침묵 속에서 견디는 게 자신들의 삶을 얼마
  나 망쳐 놓았는지 증언해 줄 사람들은 많다.
- 사실을 말하지 않으면 여러분에게 필요한 지원과 도움을

받을 수 없다(한국에서는 이전에는 1년 이내에 신고해야만 처벌할 수 있었으나 2013년 6월 19일부터 모든 성폭력 범죄에서 친고죄 규정이 폐지되어 앞으로는 고소 기간과 상관없이 공소 시효에 따라 성폭력 범죄를 신고하여 가해자를 처벌할 수 있다).

• 여러분이 말하지 않으면 그 성추행범은 다른 아이에게도 같은 짓을 저지를 것이다.

주위에 성적 학대를 당한 아이나 친구를 알고 있다면 믿을 만한 어른에게 알려야 한다. 그 사람이 비밀을 지켜 달라고 신신당부했더라도 알리지 않으면 위와 같은 일들이 벌어질 수 있기 때문이다. 사실을 말하는 게 쉬운 일은 아니지만, 그 사람이 도움을 받고 더 나아지고 나면 여러분이 옳은 일을 하기 위해 얼마나 큰 용기를 냈는지 이해해 줄 것이다.

여성긴급전화

국번 없이 **1366**

가정폭력, 성폭력, 성매매, 기타 여성폭력 관련 상담, 폭력으로 인한 이혼상담, 보호시설 연계, 전문상담기관 안내, 직접상담, 정보 제공을 하며 긴급피난처도 운영한다.

한국성폭력상담소

상담 전화: **02-338-5801**

부설 쉼터 열림터: **02-338-3562**

www.sisters.or.kr

상담을 통해 성폭력피해생존자를 지원하고, 사회와 제도 전반에 적용할 수 있도록 활발한 반성폭력운동을 펼치고 있다. 초기상담은 전화 상담으로 진행된다.

한국여성상담센터

02-953-1504 www.iffeminist.or.kr

탁틴내일청소년성폭력상담소

02-3141-6191 www.tacteen.net

사이버 상담게시판을 운영 중이다.

한국여성민우회 성폭력상담소

02-335-1858 http://fc.womenlink.or.kr

전화 상담 후 면접 상담을 진행하고 있다.

천주교성폭력상담소

02-825-1272

무료상담이며, 면접 상담을 받고 싶은 경우 전화 상담을 통해 예약을 하고 방문하면 된다.

한국여성의전화

각 지역별로 상담기관이 운영되고 있다.

지역별 상담기관 문의전화: **02-3156-5400**

www.hotline.or.kr

가정폭력 상담: **02-2263-6464**

성폭력 상담: **02-2263-6465**

이메일 상담: **counsel@hotline.or.kr**

117 학교·여성폭력 및 성매매 피해 신고센터

국번 없이 **177**

www.safe182.go.kr (24시간 운영)

문자신고(요금 무료) : **#0117**

전국에서 발생하는 학교폭력, 가정폭력, 성폭력 및 성매매 피해자 신고를 접수하여 즉시 긴급구조와 수사지시, 법률상담을 진행하는 One-Stop 지원 또는 NGO 단체 연계 지원을 한다.

인터넷 사이트에서 1:1 채팅 상담이 가능하다.

통합지원센터는 성폭력, 가정폭력, 학교폭력 및 성매매 피해자에 대하여 상담·수사·의료·법률 지원을 한 장소에서 모두 받을 수 있도록 24시간 운영하며 무료로 통합지원하고 있다.

서울동부해바라기센터(서울원스톱지원센터)

02-3400-1700 www.smonestop.or.kr (24시간 운영)

성폭력, 가정폭력, 성매매 피해자를 지원한다.

서울남부해바라기센터((구)보라매원스톱지원센터)

02-870-1700 www.smsonestop.or.kr (24시간 운영)

서울해바라기센터(여성·아동)

02-3672-0365 www.help0365.or.kr (24시간 운영)

해바라기센터는 성폭력 및 성매매 피해자들의 심리 치료도 함께 지원하고 있다.

서울해바라기센터(아동)

02-3274-1375 www.child1375.or.kr

운영시간: 09:00~18:00

청소년(19세 미만), 지적장애인 폭력피해자를 위한 통합지원센터로 심리 치료를 함께 지원한다.

여기에 소개한 통합지원센터 외에도 각 지역의 경찰서 혹은 의료원에 성폭력, 가정폭력, 성매매 등의 피해자들이 도움을 받을 수 있도록 통합지원센터가 설치되어 운영 중이다. 앞서 소개된 긴급상담전화와 신고전화를 이용해 문의하거나, 인터넷으로 가까운 지역의 '원스톱지원센터' 혹은 '해바라기센터'를 검색해 찾아가면 도움을 받을 수 있다.

PART 4

사회성 키우기

15

가족과 나

가족의 형태와 규모는 다양하다. 아이들은 생물학적으로 부모인 두 사람이나 한 사람과 같이 살 수도 있고 양부모, 계부모, 수양부모, 조부모나 다른 보호자들과 같이 살 수도 있다. 엄마가 둘이거나 아빠가 둘인 경우도 있다. 여러분의 가족이 이상하다고 놀리는 사람이 있다면, 중요한 건 그 가족 사이에 사랑이 있는가 하는 것임을 기억하기 바란다.

가정에 사랑이 없다고 느껴지더라도, 여러분은 강한 사람이다. 자신이 어떤 사람인지 알고 또 자신에게 진실해짐으로써 그 시련을 이겨 낼 수 있다. 여러분은 앞으로 살아가면서 더 여러 가지 형태의 사랑을 발견하게 될 것이다. 그리고 보다 더 강해질 것이다.

<hr>

독립을 꿈꾸는 십대

청소년기에 나타나는 여러 가지 변화들 때문에 가족 구성원 사이에 다툼이 잦아진다. 청소년들은 가족으로부터 독립하고 싶은 마음과 가족 구성원과 더욱 친밀해지고 싶은 마음, 자아를 드러내고 주목받고 싶은 욕구와 사람들 사이에 잘 섞여들고 싶은 욕구가 마음속에서 줄다리기를 벌인다. 또한 점점 더 많은 부분에서 독립을 원하기도 하는데 부모에게는 이것이 스트레스로 작용한다.

어떨 때는 모든 게 부모 탓으로 느껴질 것이다. 아마 중학생 때쯤부터 나만의 공간을 갖고 싶고 사생활을 좀 더 존중받고 싶어질 것이다. 형제나 자매가 전보다 더 여러분을 괴롭히는 경우도 있다. 긴장을 조성하는 이런 감정들 때문에 다른 가족 구성원들과 더 자주 싸우게 된다.

부모가 완벽하지 않다는 것도 깨닫기 시작한다. 그렇다. 여러분의 부모는 완벽하지 않고, 그건 다른 부모들도 마찬가지다. 부모가 여러분이 그저 어린아이로 있어 주길 원하는 것처

럼 느껴질 수도 있고, 여러분이 하는 말을 전혀 들으려 하지
않는 것처럼 느껴질 수도 있다.

<hr> 부모와의 관계 <hr>

부모와 항상 의견이 맞을 수는 없겠지만, 그분들도 나름대로
최선을 다하고 있다고 생각해 보자. 부모는 원래 사소한 것
하나하나까지 걱정하는 경향이 있다. 가끔은 부모의 걱정이
너무 지나친 것 같을 것이다. 청소년이 부모를 헷갈리게 하는
행동 중 하나는 이해해 주지 않을 거면 그냥 혼자 내버려 두
길 바라다가도 한편으로는 부모가 잡아 주고 보듬어 주길 바
란다는 점이다.

부모에게 이야기한다는 게 늘 쉬운 일은 아니다. 연애, 데
이트, 성관계 같은 문제는 더욱 그렇다. 여자친구나 남자친구
가 있을 때는 사생활을 지키고 싶은 욕구가 강해져서 부모가
사생활에 대해 꼬치꼬치 캐묻는 게 짜증날 수도 있다. 하지만
여러분이 필요로 할 때 부모와 다른 가족 구성원들이 길을 안
내해 줄 수도 있다.

부모 중에는 자식과 성에 대해 말하길 꺼리는 사람이 있다.
솔직하고 정확하게 말해 줘야 할 순간에 민망해하기도 한다.

부모가 여러분의 머릿속 생각과 새롭게 생겨난 감정들을 알아차리기란 쉽지 않다. 하지만 여러분보다 많은 경험을 했으니 어쩌면 도움이 되는 정보들을 알고 있을 것이다. 비슷한 또래 친구들은 잘못된 정보를 확실한 것처럼 이야기하는 경우도 있지만 말이다.

부모와 솔직한 관계를 유지하기 위해 노력해 보자. 그리고 여러분이 이야기하고 싶은 게 있고 도움을 받고 싶다는 메시지를 분명하게 전한다. 애매하게 힌트를 던져 놓고 바로바로 알아차려 주기를 기대해서는 안 된다. 대신에 중요하게 할 이야기가 있으니까 잘 들어 달라고 말한다. 그럼 서로에게 도움이 되는 대화를 나눌 수 있을 것이다.

하지만 여러분의 몸이나 감정에 대해 부모에게 말하는 게 쉽지 않다면 다른 어른을 찾아보도록 한다. 주위에 친척, 의사 선생님, 학교 선생님, 코치, 종교 지도자 등 믿을 만한 어른이 있을 것이다. 친구들이 하는 말에만 의지해서는 안 된다. 인터넷에 올라온 내용이 다 맞다고 생각해서도 안 된다. 사실 그게 올바른 대답이 아닐 수도 있다.

여러분은 부모에게 직접적으로든 간접적으로든 삶의 가치관
에 대해 배우게 된다. 그리고 이 가치관은 살아가는 데 있어
매우 중요한 역할을 한다.

가치관을 바탕으로 우리 삶을 주도하는 강한 감정과 믿음
이 생겨난다. 그리고 어떤 상황에서 어떻게 행동해야 하는지,
사람들을 어떻게 대해야 하는지, 어떤 친구들을 사귈지 결정
하게 된다. 자신의 가치관을 지키며 사는 사람들은 스스로에
게 더 편안함과 만족감을 느낀다. 그에 비해 자신의 가치관에
어긋나게 사는 사람들은 자주 죄책감과 불편함을 느낀다. 이
런 식으로 여러분이 앞으로 행복한 삶을 살아가는 데 가치관
이 중요한 역할을 할 것이다.

16

친구라는 존재

어릴 때 여러분의 정체성 형성에 가장 큰 영향을 미친 것은 가족이었다. 그러나 이제 여러분이 무언가를 결정하고 자신을 규정하는 데 가장 큰 영향을 미치는 것은 친구다. 지금 친구가 있건 아니면 친구가 생기기를 바라고 있건, 친구는 여러분 인생의 중심이다.

십대 때는 친구가 많을수록 좋고 친구 한 사람도 놓치기 싫다는 생각을 갖기 쉽지만, 친구는 평생에 걸쳐 새로 사귀고 또 다양한 이유로 멀어지기 마련이다. 그러면서 자연스럽게 가치관이나 생활습관 등에서 부딪치지 않고 오랜 시간 친구로 남을 사람을 선택적으로 사귀게 된다. 특히 친구의 영향을 많이 받는 십대 때는 자신과 서로 어떤 영향을 주고받는지를 생각하면서 친구를 사귀는 것이 중요하다.

친구 선택의 기준

여러분은 어떤 사람이 되고 싶은가? 친구들이 여러분과 비슷한 가치관을 갖고 있다면, 여러분이 되고 싶은 사람이 될 수 있도록 친구들이 도와줄 것이다. 하지만 그 반대로 친구들이 여러분을 엉뚱한 길로 이끌 수도 있다. 겉으로는 인기가 많아 보이는데 사실은 위험한 행동을 일삼는 아이들이 있는데, 그런 아이들과 어울려 다니다 보면 잘못된 길로 빠지기 쉽다. 단순히 어떤 아이들과 어울리고 싶다는 이유만으로 확신 없는 일에 가담해서는 안 된다. 여러분이 왜 그 일을 하고 있는지, 그 일을 하지 않았을 때 어떤 일이 일어날까 봐 두려운 것인지 스스로에게 물어본다. 이때 자신의 마음을 속이지 않아야 한다. 친구들이 정말 여러분에게 좋은 영향을 끼치고 있는지 생각해 보아야 한다.

• 친구들이 여러분과 비슷한 가치관, 윤리관, 믿음을 갖고 있

는가?

- 친구들이 여러분을 지지하는가? 그 친구들과 같이 있을 때 기분이 좋아지는가?
- 친구들이 여러분을 비판할 때, 여러분이 잘되길 바라서인 것 같은가, 아니면 깔아뭉개기 위해서인 것 같은가?

시간이 흘러 친구들이 변하더라도 놀라지 않도록 한다. 아마 앞으로 여러 번 변할 것이다. 중학교, 고등학교 친구들은 거의 다 그런 과정을 겪는다.

어쩌면 이제부터는 여러분과 비슷한 생각을 하고 비슷한 가치관을 지닌 사람을 찾는 게 더 나을지도 모른다. 운동, 학예회, 지역 청년회 활동, 캠핑 같은 방과 후 활동에 참여하는 것은 새로운 친구를 만나기에 좋은 방법이다.

~~~~~~ 변하는 우정 ~~~~~~

청소년기의 우정은 변화를 겪게 마련이다. 어쩌면 이미 변화를 겪고 있는 사람도 있을 것이다. 학교 친구와 동네 친구 중에서 몇 명은 계속 친구로 남고 나머지 아이들과는 멀어지고, 또는 다른 아이들이 여러분에게서 멀어지고, 각자 새로운 친구들을 사귀게 될 것이다.

이 시기의 우정이 변하는 데에는 여러 가지 이유가 있다.

• 가끔 친구보다 이성에게 인기 얻는 것을 더 중요하게 여기
  는 아이들이 있다.
• 서로 관심사가 변하면 사이가 멀어질 수밖에 없다.
• 친구들은 연애를 시작했는데 여러분은 아직 그럴 준비가
  되어 있지 않다.
• 친구가 연애를 시작한 후로 같이 보내는 시간이 줄어들어
  서 그 친구의 남자친구나 여자친구를 질투하게 된다. 이럴
  때 서로 마음이 상해서 서먹해질 수 있다.
• 그 반대가 될 수도 있다. 친구는 아직 연애에 관심이 없는
  데 여러분은 이성에게 매력을 느낀다.
• 단순히 친한 이성인데 다른 친구들이 애인이라며 놀리면
  화가 나서 사이가 틀어질 수 있다.
• 놀리는 게 너무 지나치거나 고약해서 크게 싸우고 친구 사
  이를 끝내 버리는 경우가 있다.
• 친구가 술이나 약물 같은 위험한 일을 한다.

단순한 친구 사이이든 사귀는 사이이든 좋은 관계를 유지하려면 아래 내용을 잘 기억해야 한다.

- 자신의 감정에 솔직해야 한다. 그렇다고 해서 상대에게 상처가 될 말까지 다 해 버리라는 뜻은 아니다. 상대의 감정을 배려하면서 진실을 말하는 방법이 얼마든지 있다.
- 그중 한 가지 방법은 상대에 대해 추측하지 말고 여러분의 감정과 느낌에 초점을 맞추는 것이다. 예를 들어 친구가 여러분을 무시하는 느낌이 들 때 "너, 날 무시하는 거야?" "이제 내가 싫어졌니?" 이런 식으로 비난하기보다는 "요즘 왠지 모르게 너한테 밀려나는 느낌이 들어. 왜 그럴까? 내가 착각하는 걸까?" 이런 식으로 자신의 느낌을 솔직하게 이야기하는 편이 훨씬 낫다. 여러분이 자신의 느낌을 말하는 것이기 때문에, 상대는 비난받는 느낌이 들지 않을 것이고 방어 태세를 취하지 않을 것이다.
- 누군가 여러분에게 상처 주는 말을 했다면 그 사람을 공격하지 말고 그 사람의 말에 대해 지적한다. 그 사람의 어떤 말이 여러분의 마음을 아프게 했는지, 그 이유가 뭔지 분명

하게 말해 준다.

~~~~~ 친구와 맞서야 할 때 ~~~~~

여러분이 어울리고 싶어 하는 친구들이 여러분에게 못되게
굴고 따돌린다면 다른 친구들을 찾도록 한다. 학대가 포함된
관계에서 벗어나는 게 힘들다는 것은 안다. 그들이 가끔은 잘
해 주니까 여기 그냥 머물러 있고 싶은 마음이 들 수도 있다.
하지만 그런 마음을 이겨 내야 한다. 가끔이 아니라 항상 여러
분에게 기분 좋은 느낌을 안겨 주고 서로 같이 즐거울 수 있
는 진짜 친구를 사귀어야 한다. 여러분은 그런 친구를 가질
자격이 있다.

그 집단에서 가장 편한 사람에게 '지금 벌어지고 있는 일(따
돌림이나 괴롭힘 등)을 나도 알고 있다'고 말한다. 그게 상처가
된다고, 차라리 다른 친구를 찾는 게 나을 것 같다고 말이다.
자신의 진짜 감정을 꾹꾹 억눌러 아무렇지 않은 척하는 것보
다 솔직하게 터뜨리는 편이 낫다. 비밀이 아닌 진실을 지킴으
로써 여러분의 진정한 자아가 더 강해질 것이다.

하지만 어떤 관계든 가끔은 껄끄러워질 수 있다는 점을 이
해하는 것도 중요하다. 갈등은 우리 삶에 항상 존재할 수밖에

없는 정상적인 것이다. 폭력이 개입되지 않고 지저분한 상태로 번지지만 않는다면, 대립이 오히려 분위기를 전환하는 훌륭한 방법이 될 수 있다. 싸우다가 오해가 풀리기도 하고, 싸운 후에 더 친해지기도 한다. 아무 문제 없는 척하는 것보다 그 편이 훨씬 더 건강하다. 때때로 정직한 대립이 필요할 때는 맞서 싸워야 한다. "착하게만 굴어서는" 안 된다! 물론 이런 대립을 할 때 정직하게 말해야 하며 함께 문제를 풀어 나가려는 자세가 전제되어야 한다.

못되게 구는 "친구들"에게 그만하라고 말하는 게 겁이 날수 있다. 여자들은 특히 더 그런 상황을 두려워한다. 청소년기 소녀들의 삶에서 친구들과의 우정은 대단히 중요하다. 혼자가 될 거라는 두려움은 다른 사람들이 상상하는 것 이상으로 강하다.

고등학교 시절에 나도 가장 친한 친구가 다른 여자애랑 같이 나를 공격했던 것 때문에 감정이 상한 적이 있었다. 그때나에게는 달리 친하게 지내는 친구가 없었기에 그 애의 행동을 지적해야 할지 말아야 할지 무척이나 고민을 했다. 그래도 용기를 내서 그게 잘못된 행동이었으며 나한테 상처를 주었다고 말했고, 그 이후로 그 애는 일주일 동안 나한테 한마디도 하지 않았다. 하지만 다시 말하게 됐을 때 우리의 우정은 더 단단해졌다.

　나는 지금까지 많은 사람들을 만나면서 배운 게 있다. 그것은 갈등을 겪는 두 사람이 대립해서 문제를 해결했을 때 그 관계가 더 단단해질 수 있다는 것이다. 항상 그렇게 될 거라고 보장할 수는 없지만 말이다. 어찌 보면 운동과도 비슷하다. 근육을 단련하려고 헬스 기구를 들어올릴 때 근섬유에 미세한 파열들이 일어난다(아주 작은 파열이기 때문에 현미경으로만 확인할 수 있다). 이 파열들이 복구되기까지는 48시간이 걸리고(그래서 이틀 연속 같은 근육을 무리해서 움직이면 안 된다), 그게 회복되면 반흔 조직이 생겨 근육이 전보다 더 강해진다. 사랑과 우정도 이와 비슷하게 작동한다. 의견 충돌이 일어났을 때 철저하게 설명하고 해결하면 그 관계가 더 견고해질 수 있다.

17

폭력의 다른 말, 괴롭힘

여기에서 말하려는 '괴롭힘'은 친구들과의 사이에 다툼이 일어나는 수준이 아니다. 나중에는 달라질지 몰라도, 특히 청소년기에 다른 아이들을 신체적·정신적으로 괴롭히는 고약한 아이들이 있다.

　그 아이들은 자신에게 화가 나서 남들을 더 못살게 구는 것일 수도 있다. 이런 아이들이 나중에 조직 폭력배가 되기도 한다. 어쩌면 여러분이 다른 누군가를 괴롭힐 수도 있다.

괴롭힘은 당하는 사람보다 가하는 사람에 대해 더 많은 것을 알게 한다. 여러분이 괴롭힘을 당한다면 그건 여러분의 잘못이 아니다. 남을 괴롭히는 사람은 자신이 강하다는 느낌이 필요해서 그런 행동을 하는 것이다. 다른 사람에게 상처를 입힘으로써 뭐든 할 수 있다는 자신감을 얻으려는 것이다.

괴롭힘에는 여러 가지 형태가 있다.

여자아이 경우

많은 여자아이들이 겉으로는 친절하고 상냥하며 배려하는 모습을 보인다. 여자아이들은 거친 분노를 터뜨리거나 실제로 폭력을 행사하는 일이 많지 않아서 남자아이들의 괴롭힘보다 더 교묘하게 숨겨져 있다. 뒤에서 험담하기, 따돌리기, 무시하기, 소문 퍼뜨리기, 욕하기, 집단으로 공격하기, 은근하게 깔보는 제스처 취하기 등이 여자아이들이 주로 사용하는 괴롭힘의 방법이다.

따라서 교사들이 아이들 사이에서 벌어지는 이런 은밀한 괴롭힘을 인지하지 못해서 남자아이들에게 하듯이 불러서 야단치지 않을 가능성이 크다.

여자아이들은 친구에게 미치도록 화가 나도 솔직하게 털어놓으면 안 된다고 생각하는 듯하다. 대신 그 사람 몰래 분풀이를 한다. 하지만 그렇게 했을 때 상대 친구는 아마 여러분이 화났다는 사실을 알아차릴 것이다. 그리고 대놓고 싸우는 것보다 그게 훨씬 더 큰 상처가 될 것이다. 친구가 화났다는 것을 알고도 모른 척해야 하기 때문이다. 게다가 화난 것을 드러내지 않고 속으로만 부글부글 끓이다가는 결국 정말로 참을 수 없이 화가 나서 이성을 잃게 될 수도 있다.

남자아이 경우

2장 '다시 보는 주변 문화'에서 이야기했듯이, 우리 문화 저변에 깔려 있는 남성다움에 대한 시각과 압박이 남자아이들을 짓누르곤 한다. 그래서 남자아이들 사이에 갈등이 일어나면 서로 치고받고 싸우거나 자신과 다른, 즉 그 문화권의 "사내다운" 모델에 들어맞지 않는 아이에게 신체적인 공격을 가하기도 한다.

물론 남자아이들이라고 해서 여자아이들처럼 뒤에서 헐뜯고 험담하지 않는 것은 아니지만, 남자아이들은 신체적인 괴롭힘을 행동으로 옮길 가능성이 여자아이들보다 더 크다.

~~~~~~~~ 괴롭힘에서 벗어나는 방법 ~~~~~~~~

여러분은 괴롭히고 괴롭힘을 당하는 관계에 머물러 있어서는 안 된다. 비열한 짓도 참아서는 안 된다. 그리고 다른 친구를 괴롭히는 친구를 변화시킬 수 있을 거라 생각해서 그 곁에 머물러 있어서도 안 된다. 그랬다가는 자칫 괴롭힘을 가하는 그 아이에게 잘못된 인식을 심어 줄 수 있다. 우정과 학대는 전혀 동떨어진 게 아니며, 사랑과 학대 역시 동반될 수 있는 거라고 믿게 만들 수 있다는 뜻이다. 절대로 그런 패턴이 계속되어서는 안 된다.

학교에서 다른 아이들로부터 괴롭힘을 당하고 있고 그게 너무나 힘들다고 부모에게 말하기란 쉽지 않다. 부모가 어떤 반응을 보일지 걱정스럽고, 오히려 상황을 더 악화시키지나 않을까 두렵기 때문이다. 하지만 그럴수록 부모에게 털어놓고 의논해야 한다. 학교에서 괴롭힘을 인지하도록 만들어야 한다. 만약 부모에게 말할 수 없는 상황이라면 다른 믿을 만한 어른에게 도움을 청하도록 한다.

만약 여러분이 친구로부터 괴롭힘을 당하고 있다면 다음 내용을 기억한다.

- 괴롭힘을 당하는 것은 결코 여러분의 잘못이 아니다. 여러분이 아니라 괴롭히는 그 아이가 문제다!

- 괴롭히는 아이와 싸우지 않는다. 차분한 태도를 유지한다. 그게 쉽지는 않겠지만, 그 일에 관해 농담을 해 본다. 여러분이 흔들리지 않고 의연하게 대처하면 괴롭힘이 계속 이어지지 않을 것이다. 남을 괴롭히는 아이들은 당하는 아이들의 반응이 재밌어서 계속 괴롭히는 경우가 많다.

- 괴롭힘을 당한 장소와 시간을 정확히 기록해 둔다. 어떤 형태의 괴롭힘이 행해졌는지, 목격한 사람이 있는지도 적어 둔다.

- 괴롭힘은 사회적으로도 심각한 문제다. 이런 문제를 일으키는 아이는 학교에서 퇴학당할 수도 있다. 모두가 이 사실을 알아야 한다.

- 친구들이 그런 짓을 하더라도 여러분은 다른 사람을 괴롭히면 안 된다.

- 부모나 선생님, 학교 관계자 등 어른에게 괴롭힘을 당하고 있다는 사실을 알려야 한다. 이메일이나 메신저, SNS 등 다른 여러 방법을 동원해서 상황을 자세하게 설명한다. 목격자가 있을 때는 그가 여러분이 당한 일을 증언해 줄 수 있는지 물어본다.

웹사이트, 소셜 네트워크, 휴대전화 등을 이용하여 누군가를 상처입히고, 곤란하게 만들고, 고통스럽게 할 의도로 문자나 이미지 등을 보내거나 게시하는 경우가 있다. 이것을 사이버 폭력이라고 하며, 사이버 폭력에는 다음과 같은 것들이 포함된다.

- 무시, 멸시, 모욕, 욕을 한다.
- 당사자가 알아차리지 못하는 상태에서 부적절한 사진을 찍어 주위에 퍼뜨린다.
- 휴대전화나 컴퓨터에 저장된 문자나 사진을 협박 도구로 사용하여, 상대가 하기 싫어하는 무언가를 하거나 말하게 한다. 상대가 그대로 하지 않으면 학교 친구들과 동네 사람들한테 사진이나 동영상을 보내고, 그 도시나 심지어 전 세계 사람들이 볼 수 있게 페이스북이나 유튜브 같은 사이트에 올린다.
- 상대가 원치 않는 성적인 느낌으로 접근한다.
- 누군가의 보기 흉한 사진이나 지극히 개인적인 사진 혹은 나체 사진을 게시한다.

- 심한 인신공격이나 위협적인 메시지를 보낸다.
- 소셜미디어, 인스턴트 메시지, 인터넷 대화방, 이메일을 이용하여 누군가에 대해 조작된 이야기를 게시한다.

여러분이 아는 누군가, 즉 친구나 학교 지인, 또는 대화방에서 만난 누군가가 사이버 폭력의 가해자가 될 수 있다. 헤어진 남자친구나 여자친구는 물론 전혀 모르는 사람이 사이버 폭력을 가할 수도 있다. 사이버 폭력은 지금 급속도로 빠르게 번지고 있는 사회 문제다. 신체적인 공격을 동반하지는 않지만 그 흔적이 오래 남으며, 괴롭힘을 당하는 쪽도 괴롭히는 쪽도 큰 손상을 입을 수 있다.

사이버 폭력을 무시하고 넘겨서는 안 된다. 공격이 가해지는 특정 웹사이트, 대화방, 게시판을 피해야 하는 것은 물론이고, 그 사실에 대해 소리 내서 말해야 한다! 필요하면 부모나 보호자에게 도움을 요청하고, 인터넷 서비스 회사에 연락해서 해당 게시물을 내려 달라고 한다. 만약 상대가 죽이겠다는 위협을 가할 때는 법에 호소하는 방법도 고려해야 한다.

전자기기를 이용한 데이트 폭력

사이버 폭력은 보통 서로 가까이하기 싫거나 좋아하지 않는 사람들 사이에서 일어난다. 하지만 때로 사귀는 연인을 괴롭히고 공격하는 데 이메일, 휴대전화, 인터넷을 이용하는 사람이 있다. 친구나 연인이라 해도 비밀번호를 알려 주지 않는게 현명하다. 그리고 여러분의 휴대전화 요금을 다른 사람이 내게 해서는 안 된다. 연구에 따르면, 친구나 연인과 비밀번호를 공유하는 사람들이 전자기기를 통한 데이트 폭력의 희생자가 될 가능성이 세 배가량 높았다(사미르 힌두자 박사와 저스틴 W. 패친 박사, 〈Electronic Dating Violence: A Brief Guide for Educators and Parents〉). 지금이야 그 친구만큼은 믿을 수 있다고 확신해도 나중에 무슨 일이 생길지 모르는 일이다. 앞에서 이야기했듯이 고등학교 시절의 우정은 변할 수 있다.

주위에 예전 친구나 애인으로부터 끊임없이 괴롭힘을 당하는 사람이 있을 것이다. 밤낮을 가리지 않고 전화나 문자가 수천 통 날아드는 경우도 있다. "어디야?" "누구랑 있어?" 그 사람의 전화를 받고 이메일을 열어 보기가 두려워질 정도로 그수준이 심각해지기도 한다. 또한 누군가 여러분의 휴대전화 요금을 대신 내주고 있다면, 그는 여러분이 누구랑 전화하고 문자하는지 검사할 권리가 있다는 착각에 빠질 수 있다. 요즘 사람들은 늘 휴대전화를 갖고 다니기 때문에, 이런 괴롭힘으로부터 숨을 곳이 없다. 전자 사슬을 목에 걸고 있는 것처럼 사이버 폭력이 언제 어디서나 여러분을 따라다닐 것이다.

섹스팅이란 채팅 사이트나 채팅 앱을 통해 만난 상대에게 성적으로 문란한 내용의 문자나 사진을 휴대전화로 전송하는 행위를 말한다. 성적인 문자나 자신의 누드 혹은 신체 일부 사진이나 동영상을 어느 누구에게도 보내면 안 된다! 절대로! 보내는 사람과 받는 사람 둘만의 비밀로 남으리라 여기겠지만, 그것은 잘못 생각하는 것이다. 상대가 여러분에게 화가 나서 아니면 여러분을 자랑하고 싶어서 그걸 다른 사람에게 보낼 수 있고, 그러면 불특정 다수에게 퍼지는 것은 시간 문제다. 그렇게 되면 여러분의 평판은 망가지고, 곤란해지고, 정말 한심한 존재로 추락할 것이다. 어쩌면 경찰에서 연락이 오거나 그보다 더 심각한 결과들이 따라붙어서 다른 동네로 이사해야 할 수도 있고, 그 후에도 사람들이 여러분을 알아볼 경우 2차, 3차 피해가 일어날 수 있다.

또한 누군가 여러분에게 자신이나 다른 사람의 성적으로 낯 뜨거운 사진을 보낸다면 그걸 다른 사람에게 보내서도 안 된다. 게다가 자신이 19세 미만의 청소년이라면 자신의 몸을 찍어서 보낸 동영상이나 사진도 아동 포르노물로 분류되므로 불법이다. 그걸 다른 사람에게 보낼 경우, 아동 포르노 배포 혐의로 체포될 수 있다. 미국에서는 소년원에 9개월까지 수감될 수 있는 심각한 중범죄다. 어느 지역에서는 사진을 '받은' 사람과 '저장한' 사람들까지 전부 아동 포르노 혐의로 기소되어, 일반 교도소에서 9개월 이상을 복역해야 한다. (현재 한국의 아동·청소년 보호법에 적용되는 연령은 19세 미만으로 19세에 도달하는 연도 1월 1일을 맞이한 사람은 제외한다. 아동·청소년 포르노나 사진 등을 배포한 경우 돈을 벌기 위한 목적이 아닌 단순 공유라 해도 7년 이하의 징역이나 5,000만 원 이하의 벌금형을 받을 수 있다.)

여자친구가 보낸 누드 사진을 배포한 혐의로 기소된 한 소년은 이렇게 말했다. "그런 행동은 당신이 보낸 사진 속의 사람뿐 아니라 당신 가족과 주위 친구들에게도 상처를 입힌다. 그들은 당신을 예전과 같은 눈으로 바라봐 주지 않을 것이다. 그들의 시선이 달라지고 당신에 대해 느끼는 감정도 달라진다. 스스로도 자기 자신을 더 형편없이 느끼게 된다. 당신의 실수 때문에 그들이 울게 될 것이다."(얀 호프먼, 〈A Girl's Nude Photo, and Altered Lives〉)

여러분의 주위에서 섹스팅이 흔하게 일어나고 있더라도 거기에 참여하지 않는다. 자신을 존중해야 한다. 영리해져야 한다. 한번 눌러 버린 버튼은 결코 돌이킬 수 없고, 그걸 보는 사람들을 통제할 방법도 없다. 그것은 내가 모르는 저 밖 어딘가에 영원히 남게 될 것이다.

〰〰〰 사이버 폭력 대처법 〰〰〰

사이버 폭력을 당할 때 그런 짓을 한 사람들을 한심하고 어리석게 여기며 '얼마나 할 일이 없으면 그런 짓을 할까' 정도로 생각하고 무시해 버리는 사람이 있는가 하면, 겁을 내고 불안해하며 화를 참지 못하는 사람도 있다.

사이버 폭력을 당하면 다음 내용을 잘 기억해 둔다.

• 어떤 형태의 괴롭힘이든 누군가에게 말해야 한다. 부모나 다른 믿을 만한 어른을 찾아가 사실을 털어놓는다.
• 해당 이메일이나 문자 메시지 등을 증거로 저장한다. 대부분의 이메일 계정은 이제 특정 내용이 담긴 메시지들을 자동적으로 걸러 내는 서비스를 제공하고 있다.

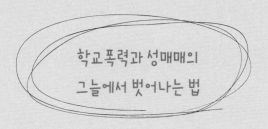

학교폭력과 성매매의 그늘에서 벗어나는 법

박용호(인천남동경찰서 경위, 학교전담경찰)

또래 친구들을 짓밟는 학교폭력은 이미 가정이나 학교에서 감당하기 어려울 정도로 위험 수위를 넘은 사회 문제다. 발생 빈도와 강도가 점점 심각해지고 있어 이제는 청소년기에 있을 수 있는 단순한 일탈이나 혼란으로 간주하기 어려워졌다. 학교폭력의 대상도 중·고등학생에서 초등학생으로 연령층이 낮아지고, 피해 학생들은 신체적, 정신적으로 커다란 상처를 받고, 결국에는 자살이라는 극단적인 선택을 할 수도 있기 때문이다.

청소년들이 학교폭력에 노출되는 원인은 여러 가지가 있지만 크게 보면 자신이 판단하기에 아무렇게 해도 될 만큼 상대가 약해 보이거나, 폭력 조직과 관련이 있거나 그룹 친구들이 많아 머릿수로 상대를 제압할 수 있다는 판단이 섰을 때 주로 가해 학생이 되기 쉽다. 덧붙

여 이해관계가 상충하면, 대화를 통해 풀기보다는 힘으로 상대를 제
압해 손쉽게 목적을 이루려는 충동적인 판단으로 발생하는 것이다.

학교폭력을 당하고 있다면 이렇게 문제를 해결하도록 한다.

첫째, 자신을 제압하려는 상대에게 강하게 보이는 것이 중요하므로
스스로가 강해지도록 단련한다. 동시에 어떤 경우라도 절대 뒤로 물
러나거나 가만있지 않을 것이라는 인식을 전달할 필요가 있다.

둘째, 현실적으로 상대와 맞서서 싸울 힘이 없을 때는 선생님 또는
관련 기관에 신고해서 '나를 괴롭히면 커다란 불이익을 받을 수 있다'
는 것을 알게 하는 것이다. 피해 입은 사실을 알리는 것은 절대로 고
자질이 아니다. 이런 이유로 피해자를 보호하기 위해 학급 분위기를
좌우하는 선생님의 역할이 중요하다. 상황에 따라서는 각 학교에 배
치된 학교전담경찰이 적극적으로 개입해야 할 수도 있다.

학교폭력에 연관되지 않도록 주위 환경을 건강하게 관리해 보자.

첫째, 어떤 상황에서도 당당하고 자신감 있는 모습을 보여 준다. 사
람들은 당당한 태도 하나에도 상대에 대한 인식을 바꾼다.

둘째, 신체 폭력이 아니더라도 피해를 입었거나 그런 현장을 본다
면 즉시 신고하고 도움을 청한다. 시시하게 느껴지는 수준일 때 신고
를 하면, 가해자와 피해자 모두가 작은 해프닝으로 끝날 수 있다.

셋째, 긍정적이고 적극적인 자세가 필요하다. 가족이 슬퍼할까 걱정
되어 피해당한 사실을 숨길 것이 아니라, 함께 해결할 수 있다는 긍

정적인 생각으로 적극적으로 알리고 의사 표현을 해야 한다. 이것이야말로 자신을 지키고 내 가족을 슬프지 않게 하는 일이다.

넷째, 혼자 견디려 하지 말고 주변 친구로부터 도움을 받을 수 있는 여건을 항상 유지한다. 다시 말하지만 학교폭력은 때때로 공권력 개입이 필요할 정도다. 개인이, 그것도 청소년이 혼자 해결할 수 있는 수준의 문제가 아니다.

다섯째, 문제가 더 커지기 전에 부모, 교사, 학교전담경찰관에게 상담이나 도움을 청하고, 이후에도 정기적으로 대화를 나눈다.

자신이 누군가를 괴롭히고 있거나, 그런 충동이 든다면 이런 생각을 해 본다.

먼저, 피해자의 아픔은 가해자가 생각하는 것보다 훨씬 크다는 사실이다. 특히 친구에 민감할 나이에 또래에게 피해를 입는다면 더욱 가슴 아플 수 있다. 심지어 자신이 한 행동으로 인해서 상처를 받은 피해자가 자살이란 극단적인 선택을 할 수도 있음을 명심해야 한다.

둘째, 장난이나 가벼운 폭력도 상대방에게는 씻을 수 없는 모욕과 창피함, 굴욕을 줄 수 있다는 것을 알아야 한다. 누군가에게 모멸감을 주고 자존심을 다치게 하는 것이 진짜 즐거운 일인지, 만약 내가 당한다면 어떤 기분일지 생각해 본다. 말 한마디에도 배려하는 마음이 필요하다.

셋째, 학교폭력으로 생활기록부에 기재되면 진학이나 사회 진출에도 큰 피해를 가져온다는 것을 명심한다. 이것은 실제적으로 중요한 문제다. 당장의 충동을 참지 못해서 두고두고 걸림돌이 될 일을 만드는 것은 어리석다.

넷째, 피해자가 원하는 것은 진정성 있는 사과다. 진심이 담긴 사과가 선행되어야 경찰서 출두로 이어지는 불상사를 막을 수 있다.

다섯째, 청소년 선도 프로그램 중 역할극 등을 통해 상대방의 생각과 입장, 아픔을 느껴 본다. 상대에게 공감하는 것도 청소년기에 배워야 할 중요한 일이다.

청소년 성매매 또한 그 심각성에도 불구하고 전체 규모가 수치로 환산되어 있지 않다. 성매매특별법(성매매방지 및 피해자보호 등에 관한 법률)이 시행된 지 10년이 지났지만 인터넷 사이트나 채팅 앱 등을 통한 청소년 성매매는 법과 제도의 맹점 때문에 성매매 재생산의 악순환의 고리가 되고 있다.

미성년자가 성매매에 노출되는 원인은 여러 가지다.

첫째, 청소년기에는 이성에 대한 호기심과 충동이 왕성하다. 그런데 호기심이 단순한 호기심으로 끝나지 않고 밀접한 신체 접촉의 유혹에서 벗어나지 못하면 이성을 쉽게 만날 수 있는 인터넷 채팅이나 채팅 앱을 통해 성매매로까지 이어지고, 이러한 문제들이 결국 성폭력이란 큰 범죄로 이어지는 경우가 대부분이다.

둘째, 가출 청소년들의 성매매 피해가 어른들의 무관심 속에 사각

지대에 방치된 채 늘어나고 있다. 처음에는 단순히 돈이 필요해 성매매를 시작하지만 나중에는 점차 자신의 몸을 하찮게 여기는 등, 성에 대한 가치관마저 무너뜨리게 된다. 이런 피해 경험과 이성 접촉의 경험 때문에 결국 학업을 중단하게 되고, 이후로는 자연스럽게 더 많은 성매매에 노출되는 것이다.

그렇다면 일단 성매매에 노출된 청소년들은 어떻게 해야 성매매의 고리에서 벗어날 수 있을까.

첫째, 올바른 친구와 건전하고 적극적인 활동을 하거나 관련 모임에 참여한다.

둘째, 성에 대한 잘못된 집착을 버린다. 청소년기는 신체, 인간관계, 가치관 모든 면에서 성장기다. 자신이 지금 알고 있는 것이 언제든 바뀔 수 있다는 사실을 늘 생각하고 점검한다.

셋째, 금전적 유혹을 단호하게 뿌리칠 수 있는 용기가 필요하다. 성매매는 미성년자가 쉽게 돈을 벌 수단이라는 것을 성 매수자도 안다. 그렇기 때문에 학대당하기도 쉽다.

넷째, 가족과 친척, 선생님 등 주변 사람들과 끊임없이 소통한다. 성매매를 해야 할 정도로 당장 돈이 필요할 지경이라면 이미 혼자서 해결할 수 없는 문제들이 한두 가지가 아닐 것이다.

다섯째, 사회적으로 이슈화하여 성매매에 대한 사람들의 관심을 불러일으킨다.

한 번 성매매를 했다고 해서 죄책감에 스스로를 포기하거나 무너질 필요는 없다. 그것을 빌미 삼아서 누군가가 계속적으로 성매매를 강요하면 신고당할 것이 두려워 응하게 되는 경우도 있는데, 이럴 때는 일단 신고하고 성매매의 굴레에서 벗어나도록 한다. 청소년 보호법은 청소년들을 처벌하기 위한 법이 아니라 그런 상황에 처한 청소년을 보호하기 위한 법이다.

청소년 성매매 피해자와 성 매수자가 명심해야 할 사항이 있다. 먼저 청소년 성매매 피해자가 알아야 할 사항이다.

첫째, 성을 돈으로 사는 사람들은 성매매 상대를 건전한 인격체로 보지 않는다. 아무리 좋은 말을 해 준다고 해도 진심이 아니다. 게다가 상대가 나이 어린 청소년이라면 더욱 만만하게 여겨지기 쉽다. 그래서 청소년이 성매매라는 굴레로 들어가게 되면 예외 없이 폭력을 경험한다. 아무렇게나 대해도 된다는 생각으로 폭력을 행사할 수 있고 결국 참혹하게 살해당할 수도 있다는 것을 명심해야 한다.

둘째, 성매매로 돈을 벌 수 있다는 생각을 버려야 한다. 성매매로 돈을 벌었다는 것은 환상이다. 며칠 쓰면 없어질 돈과 여러분의 떳떳한 미래를 맞바꾼 것이나 다름없다. 거기다 성매매는 직업으로 인정되지 않기 때문에 신분상의 불이익도 감수해야 한다.

셋째, 여성가족부 산하 한국여성인권진흥원의 보고서 〈2011 성매매 피해 여성의 정신건강 실태 및 지원 방안〉에 따르면 성매매 피해자 가운데 64퍼센트가 자살 충동을 경험했다. 청소년 시절의 성매매가

트라우마로 오래, 그리고 깊게 남아 있기 때문이다.

모든 행동에는 결과가 따른다. 청소년 성 매수자도 예외는 아니다.

첫째, 건전한 성에 대한 잘못된 인식으로 배우자와의 원만한 성생활에 지장을 가져온다.

둘째, 각종 성병에 노출되어 자신과 가족에게 신체상의 피해를 줄수 있다.

셋째, 신분상 불이익을 받을 수 있다.

넷째, 훗날 배우자에 대한 존엄과 가치, 신뢰를 잃을 수 있다.

수많은 폐해를 낳고 있는 성매매는 무엇보다도 가치관의 전락과 인간성 상실의 가장 큰 원인이 된다. 또한 세상을 올바르게 보지 못하고 쉽게 돈을 벌 수 있다는 단순한 생각으로 정상적인 사회생활을 할수 없게 된다. 결국 성매매 종사자로 비참한 삶을 살 수밖에 없다는 것은 많은 경험자들의 이야기를 통해서도 알 수 있다. 성매매 피해자는 물론 성 매수자 또한 행복한 가정을 이룰 수가 없고, 잘못된 자신의 선택이 자신과 상대에게, 또 배우자에게도 돌이킬 수 없는 절망적삶을 가져온다는 사실을 명심해야 할 것이다.

아직은 잘 모를 수도 있지만, 세상에는 인구수만큼 다양한, 건강하고 떳떳하게 행복한 삶을 살아갈 수 있는 방법이 아주 많다는 것을꼭 기억해 주기 바란다.

18
십대의 외모 문제

이 주제에서 가장 중요하게 짚고 넘어가야 할 점은 외모가 인간으로서의 가치를 결정하지 않는다는 것이다. 남들의 시선이나 생각 때문에 자존감이 흔들려서는 안 된다. 나이가 들면 성격이나 사랑하는 사람들과의 관계, 인간 됨됨이가 외모보다 훨씬 중요하다는 것을 알게 될 것이다.

사춘기 시절에 그리 예쁘거나 인기가 많지 않아서 친구들의 관심을 받지 못하고 대부분의 시간을 혼자 보냈던 사람들이 나중에 성공해서 유명해지는 경우도 많다. 어쩌면 그 사람을 그렇게 특별하게 만들어 준 것은 그 혼자만의 시간이었는지도 모른다.

　안타깝게도 여자아이들은 외모에 집착하는 경향이 있다. 여자를 일정한 아름다움의 틀에 끼워 맞추려 하고 그것을 중요하게 여기는 문화가 일부 영향을 미쳤을 것이다. 물론 요즘은 남자아이들도 외모에 많이 신경을 쓰지만 말이다.

───── **성장 속도가 다른 청소년기** ─────

청소년기 아이들의 몸은 동시에 똑같이 변하지 않는다. 그래서 일부 아이들은 다른 친구와 자신을 비교하고 판단하다가 남들보다 더 힘든 시간을 보낸다.

　여러분보다 더 신체적으로 성숙한 친구들이 있을 것이다. 또는 여러분이 다른 아이들에 비해 발육이 남다를 수도 있다. 좀 더 나이가 많은 남자아이들은 가슴이 일찌감치 발달한 여자아이들에게 불편할 정도로 치근덕거리기도 하고, 그런 모습을 본 여자아이들은 '가장 중요한 게 육체적인 부분'이라는 느낌을 갖게 될 수 있다. 그리고 어른들 역시 남들보다 키가 크고 신체적으로 발달한 남자아이들을 나이보다 어른으로 대하고 더 많은 것을 기대하기도 한다.

　시간이 지나면 자연스럽게 모두가 성숙한 몸을 갖게 된다.

우리의 몸이 서로 다른 속도로 성장하는 것은 너무나 당연하고 정상적인 일이다.

사춘기 때부터 통통하게 살이 쪄서 변하지 않는 경우가 있는데, 그건 괜찮다. 사춘기 때 살이 쪘다가 자라면서 날씬해지기도 하기 때문이다. 통통한 것과 과체중 또는 비만과는 차이가 있다. 아동기부터 시작된 비만은 여러 가지 질병으로 이어질 수 있는 심각한 문제다. 비만에 대해서는 뒤에서 자세히 다루도록 하겠다.

미디어의 속임수

앞에서도 말했듯이 요즘 미디어는 아름다움에 대해 상당히 편협한 시각을 보여 준다. 미디어, 특히 광고에 나타나는 것을 곧이곧대로 다 믿는다면, 여러분이 그 기준에 부합하지 못하는 것에 화가 날 것이다. 키가 크는 과정에서 살집이 좀 붙는 것뿐인데도 살찌는 게 걱정스럽고, 그게 외모에 대한 집착으로 이어질 수도 있다. 기억하자. 대부분의 사람들은 미디어에 나오는 배우나 모델처럼 생기지 않았다. 그리고 절대 그렇게 되지 않을 것이다. 사실 모델들도 광고에 나오는 그대로가 아닌 경우가 많다. 사진작가들이 컴퓨터로 모델들의 몸매를 바꿔 놓는다. 갖가지 디지털 기술을 활용해서 남자는 더 매력적인 몸짱으로, 여자는 더 늘씬하게 만든다. 가슴도 더 키우고 말이다.

미디어의 목표는 돈에 집중되어 있다는 사실을 잊지 말기 바란다. 그들의 목적은 우리 외모에 대해 현실적이고 건강한 이미지를 보여 주는 것이 아니라 돈을 버는 것이다.

─────── 건강한 몸 만드는 법 ───────

음식

중요한 것은 빼쩍 말랐느냐 통통하느냐가 아니라 건강하느냐는 것이다. 그리고 건강하려면 신선한 과일, 채소, 살코기, 통밀 등을 포함하는 균형 잡힌 식사를 해야 한다. 설탕과 지방이 많이 들어간 음식은 건강과는 거리가 멀다. 특히 패스트푸드는 지방과 당분 덩어리다.

뼈가 성장하는 청소년들에게 칼슘은 매우 중요한 영양소다. 칼슘이 풍부한 음식을 먹거나 마시도록 한다. 하루에 1,300밀리그램 정도를 섭취하는 게 적당하다. 다음은 칼슘 섭취에 도움이 되는 음식이다.

- 무지방 우유
- 칼슘 강화 아몬드 우유
- 저지방 치즈
- 칼슘 강화 오렌지 주스
- 브로콜리
- 껍질콩

- 칼슘 강화 두유
- 무지방 요구르트
- 칼슘 강화 시리얼
- 두부
- 케일

하지만 무엇보다 가장 좋은 것은 물이다. 생수든 탄산수든 상관없다. 물은 우리 몸에 꼭 필요한 것이니까 열심히 마시도록 한다. 탄산수에 과일즙을 섞으면 상큼하게 마실 수 있다. 당분이 엄청나게 들어간 탄산음료는 되도록 피한다. 탄산음료에 들어 있는 당분 때문에 살이 찔 뿐 아니라 건강에도 좋지 않다. 인공 감미료도 마찬가지다. 주스, 비타민 워터, 아이스티 같은 다른 당분이 가미된 음료들 역시 칼로리가 매우 높기 때문에 조심해야 한다. 사과주스를 마시느니 사과 한 알을 먹는 게 건강에 훨씬 더 유익하다.

카페인을 너무 많이 마시면 수면을 방해할 수 있기 때문에 적당히 마시도록 한다(커피뿐 아니라 수많은 청량음료와 에너지 음료에도 카페인이 들어 있다). 잠을 충분히 자지 못하면 기분이 나빠지고 집중력에도 영향을 미치게 된다.

섭취

1. 아침을 먹는다. 귀리, 통밀, 지방을 빼거나 당분을 낮춘 시리얼, 통밀 빵, 신선한 과일 등이 건강한 먹을거리다. 베이컨이나 소시지, 설탕이 많이 들어간 가공식품은 피하고, 오트밀이나 달걀, 치즈 약간, 요구르트, 피넛버터와 우유를 같이 먹는 식으로 단백질 성분을 포함시키면 좋다.

2. 도시락을 싸서 다니거나 견과류나 과일, 스트링 치즈 등 건강에 좋은 간식거리를 사물함에 넣어 둔다.

3. 하루에 다양한 색의 음식을 먹는다. 특히 블루베리, 파프리카, 당근, 브로콜리, 케일 같은 진한 초록색, 청색/자주색, 노랑/주황색 음식들이 건강에 좋다. 색이 진한 음식들이 영양가도 높다.

4. 접시에 담는 음식 중에서 적어도 절반은 과일과 채소로 구성한다.

5. 천천히 꼭꼭 씹어 먹는 습관을 들인다.

6. 앉아서 제대로 먹는다.

7. 먹는 것에 집중한다. 책을 읽거나 텔레비전을 보면서 먹으면 먹는 것에 집중하기 힘들다.

8. 사탕, 케이크, 아이스크림 같은 달콤한 것들을 너무 많이 먹지 않는다. 그런 것은 특별한 날을 위해 아껴 두자.

9. 자기 전에 초콜릿을 먹지 않는다. 초콜릿에 든 당분과 카페인이 신경을 자극해서 잠들기 힘들어질 것이다.

운동

운동은 정신 건강과 신체 건강 모든 면에서 도움이 된다. 운동을 하면 근육량이 유지되고, 신진대사가 활발하게 이루어진다. 다시 말해서 여러분이 섭취하는 칼로리를 잘 태울 수 있다.

지역 스포츠센터에서 운동 수업을 듣거나 자전거 타기, 달리기, 걷기, 스포츠클럽 활동하기, 스케이트 타기 모두 좋은 선택이다. 요가, 에어로빅, 웨이트 트레이닝을 할 수 있게 만들어진 위(Wii) 프로그램을 이용해도 좋다. 이런 운동 프로그램들은 사용자의 필요에 맞게 주문할 수도 있다.

그리고 일상 속에서 운동할 수 있는 기회를 놓치지 않도록 한다. 학교가 그리 멀지 않은 거리라면 버스나 차를 타는 대신 걸어서 가고, 엘리베이터를 타는 대신에 계단을 걸어 올라가도록 한다. 그렇게 하면 체력도 좋아지고 따로 운동할 시간을 내지 않아도 된다. 걷기나 달리기처럼 체중이 실리는 운동은 뼈를 건강하게 해 준다.

다이어트의 위험성

다이어트는 여러 면에서 좋지 않다. 특히 몸이 빠르게 변하는 십대 때는 다이어트를 하지 말아야 한다. 마른 몸매보다 더 중요한 것은 건강이다. 살집이 좀 있더라도 건강한 상태일 수 있다. 건강하게 먹고 충분히 운동하는 것이 바람직하다.

다이어트 약을 먹으면 식욕이 떨어질 수는 있으나 정신적으로 불안하고 긴장하게 된다. 그런 식으로 살을 빼서는 다이어트에 성공할 수 없다. 약을 먹거나 굶는 방법으로 오랫동안 다이어트를 계속할 수 있는 사람은 없기 때문이다. 원하는 만큼 살은 빠지지 않고, 오히려 지금 이 시기에 꼭 필요한 비타민, 미네랄, 그 외의 다른 영양소들이 몸에서 빠져나가게 될 것이다. 다이어트 약에 중독되어 몸과 마음에 부정적인 영향이 나타날 수도 있다.

다이어트는 우리 몸의 신진대사(우리가 먹는 칼로리를 태우는 과정)에도 영향을 미친다. 그래서 다이어트를 중단하면 뺄 때보다 더 빠르게 체중이 되돌아온다. 건강하게 살 빼는 방법은 건강한 식사와 규칙적인 신체 운동을 결합하는 것뿐이다. 부모에게 비만 유전자를 물려받았다 하더라도 건강한 식사와 꾸준한 운동으로 극복할 수 있다.

과체중 줄이는 방법

과체중은 몸에 지방이 너무 많다는 뜻이다. 과체중은 비만으로 이어질 수 있으며, 몸에 지나치게 많이 비축된 지방은 당뇨, 천식, 뼈와 관절의 문제, 고혈압, 심장 질환 같은 건강 문제를 불러온다. 비만은 정말이지 몸에 부담이 된다.

비만 상태를 혼자서 극복하기란 쉽지 않다. 부모가 비만이면 그 자녀도 비만이 될 가능성이 크고, 집과 학교에서 어떤 음식을 먹는지, 부모나 보호자가 신체적으로 많이 움직이게 하는지 아니면 꼼짝 않고 누워 있어도 내버려 두는지 등 환경적인 요소가 비만 여부를 결정짓는 데 중요한 영향을 미치기 때문이다.

하지만 비만이 건강에 해가 되는 것만큼은 분명하기 때문에 체중을 줄이는 데 신경 써야 한다. 아래 나오는 내용들을 생활 속에서 실천해 보자.

- 집이나 학교에서 탄산음료를 마시지 않는다. 당분이 많이 든 청량음료는 아동 비만의 원인이 된다.
- 기름진 간식과 패스트푸드보다는 앞에서 언급한 건강한 음식을 더 많이 먹는다.
- 가능한 한 몸을 많이 움직인다.

- 탈것을 이용하기보다는 걸어 다닌다.
- 엘리베이터나 에스컬레이터 대신 계단을 이용한다.
- 일주일에 3~5회 정도 15분씩 걷는다.
- 수영, 댄스, 자전거 타기를 한다.
- 컴퓨터나 비디오 게임을 하면서 혹은 텔레비전을 보면서 시간을 다 보내지 않는다.

　과체중이라면 지금 당장 몸을 움직이는 게 쉽지는 않겠지만, 꾸준히 계속해 나간다면 점점 더 쉬워질 것이다. 기분도 더 상쾌해질 것이다. 여러분이 생각하는 것보다 훨씬 더 좋아질 것이다.

　만약 체중 조절을 위해 혼자 다이어트를 하는 것이 어렵다면 의사 선생님이나 보건 선생님에게 도움을 요청한다. 아마도 과체중이나 비만인 청소년을 위한 적절한 프로그램을 소개해 줄 것이다. 일례로, 보스턴 아동병원에서는 자신의 최적 체중 찾기 프로그램을 운영하고 있다. 대부분의 주요 도시에 이와 비슷한 비만 예방치료 프로그램들이 있을 것이다. 마음의 준비가 됐다면 그런 프로그램을 찾거나 알아보는 일은 어렵지 않다.

19
식이장애

미국에서는 청소년 10명 중 1명 이상이 날씬해 보이려고 지나친 다이어트를 하다가 거식증이나 폭식증 등 식이장애를 겪고 있다. 그렇다면 식이장애란 무엇이며 왜 식이장애를 겪게 될까.

~~~~~~ **식이장애의 요인** ~~~~~~

식이장애는 다이어트 장애 혹은 섭식장애라고도 한다. 알코올 중독처럼 식이장애도 일종의 병이다. 개인의 의지가 약해서 이 상태에서 벗어나지 못하는 게 아니라는 이야기다. 사실 식이장애를 겪는 여자아이들 중에는 학교 공부도 잘하고 인기도 있는 아이들이 많다(어쩌면 대다수라고 해도 과언이 아니다). 무엇이든 잘해야 한다는 식의 교육을 받으며 자란 사람들이 식이장애를 많이 겪는 것 같다. 하지만 이보다 더 쉽게 식이장애에 빠져드는 부류는 다른 사람의 기분을 맞추기 위해 노력하는 "항상 남을 기쁘게 하려는 사람들"이다. 이 때문에 식이장애를 지닌 사람들 중 절반 정도가 우울증도 같이 겪는다.

자신을 표현하지 못하고 엄격하게 규칙에 따라야 한다거나 남들의 기대대로 행동해야 한다는 압박감에 시달릴 때 식이장애가 생겨날 수 있다. 삶을 통제할 수 없을 때 다른 뭔가를 찾다가 먹는 것이 그 대상이 되기도 한다. 그 외에 식이장애를 자극할 수 있는 스트레스와 불안 유발 사건들은 부모의 사망이나 사랑하는 애완동물의 죽음, 가족의 분리, 이별, 성적 학대나 강간 등이 있다.

하지만 별다른 이유 없이 식이장애를 겪는 사람들이 대부분이다. 식이장애는 집안 내력으로 이어지는 경향이 있기 때문에, 가족 중에 누군가 식이장애를 겪은 사람이 있다면 그 사실 하나만으로도 여러분은 위험할 수 있다. 특별한 스트레스나 자극 요인이 없더라도 말이다.

식이장애는 나중에 신장, 내장, 목구멍, 여러 분비샘에 심각한 문제를 일으킬 수 있다. 신체 신진대사와 월경 주기에 영향을 미치고, 치과 문제를 일으키기도 한다.

그뿐 아니라 뭔가에 중독된 사람들이 그렇듯이, 식이장애를 가진 사람들도 자신은 물론 다른 누군가와 진정한 관계를 맺기가 어렵다.

물론 식이장애가 있는 십대 청소년이라도 여자친구나 남자친구를 사귈 수는 있지만, 늘 함께하는 견고하고 만족스러운 관계로까지 끌고 가지는 못할 것이다. 먹는 것 같은 다른 문제에 관심이 분산돼서 온전히 그 관계에 집중하지 못하기 때문이다.

이처럼 식이장애는 그 문제에만 정신을 쏟게 하는 반사회적이고 중독적인 특성을 지니고 있다. 그런 특성 때문에 우울증, 자신감 상실, 적대감, 피로, 집착, 비밀스러움 등이 생겨난다. 그래서 아무리 사랑하는 사이라도 서로 틀어지고 갈등이 깊어지는 것이다.

거식증

거식증은 먹는 것을 거부하거나 두려워하는 식이장애다. 이 질병은 치료가 매우 어렵고 정신 질환 중에서 치사율이 가장 높다. 여자뿐 아니라 남자도 거식증을 앓는다.

청소년기에 거식증을 앓는 아이들은 완전한 성인이 되는 시기가 늦춰진다. 예를 들어 여자아이들이 지나치게 삐쩍 마를 경우 월경이 끊어지고 성관계를 하지 못할 수도 있다.

그런 상태로 시간이 흐르면 살이 너무 없어서 뼈가 툭툭 불거져 나오고, 피부와 모발이 칙칙하고 건조하고 푸석푸석해진다. 배가 팽창하고, 월경이 중단되고, 기력이 약해지고, 우울해지고, 부정적이 된다. 삶 전체가 음식을 피하는 것을 중심으로 돌아간다. 이 질병은 대단히 심각해서 입원해야 할 경우도 있으며, 잘못하면 죽을 수도 있다.

폭식증

폭식증은 신경성 과식욕증이라고도 하는데, 한꺼번에 많은 양의 음식을 먹은 다음에 그게 다 소화되기도 전에 설사약을 사용해서 비워 내거나 억지로 토해 내는 식이장애다.

토해 내는 등의 먹었다는 사실을 부인하는 강박적인 행동 없이, 단순히 많이 먹는 것뿐이라면 폭식증으로 보지 않는다.

안 좋은 점은 너무나 많고 좋은 점은 하나도 없는 무시무시한 질병이다. 폭식증 환자들은 자신이 그렇게 살을 빼는 거라고 생각하겠지만, 그것은 착각이다. 이러한 식습관은 신진대사와 신체 기능에 심각한 피해를 입혀서 무엇을 먹든 오히려 체중이 불게 될 것이다. 토해 낼 때 다 빠져나갔다가 다시 채워지는 위산 때문에 치아가 심하게 손상되기도 한다.

강박적 식사

이 경우에는 폭식증 환자처럼 음식을 많이 먹긴 하지만 토하지는 않는다. 고통이나 불안을 마비시키기 위해서 강박적으로 먹는 것에 집착할 뿐이다. 성적으로 학대당한 사람들 중에 원치 않는 이성의 접근을 막기 위해 이런 증상을 보이는 사람도 있다. 말하자면 과도한 지방 안에 자신을 숨기는 것이다.

메리 파이퍼는 십대 소녀들에 대해 쓴 책 《부활하는 오필리어(Reviving Ophelia)》에서 강박적 식사를 이렇게 묘사한다.

"강박적으로 많이 먹는 사람들은 주로 다이어트 이력이 있는 젊은 여성(또는 남성)들이다. 그들은 다이어트를 하다가 기분이 바닥으로 떨어지면 음식을 먹는다. 그러면 곧 기분이 나아진다. 하지만 그런 식으로 다이어트와 요요가 반복되는 과정에서 신진대사가 점점 느려지고 결국에는 고장이 난다. 아무리 노력해도 살이 빠지기는커녕 살찌는 것을 통제하는 게 불가능해지는 시점이 오는 것이다. 그럼 더 칼로리와 체중에 집착하게 되고, 그들은 곧 먹는 것만이 아니라 그들의 삶 자체를 통제하지 못하게 된다."

식이장애에서 벗어나는 방법

여러분이 식이장애를 겪고 있다면 전문가의 도움을 받도록 한다. 식이 습관을 조절하고 영양소를 따져서 먹는 것만으로는 그 증상을 없앨 수 없다. 여러분은 음식이 너무나 먹고 싶어서 마구 먹어 댄 후에 토해 내는 게 아니다(먹지도 않고 토하는 경우도 있다). 스스로는 알아차리지 못하더라도, 여러분이 갈망하는 것은 사실 음식이 아니라 정신적이고 정서적인 부분이다. 정신적 혹은 정서적으로 뭔가 채워지지 않기 때문에 먹거나 먹지 않는 방법으로 그 무언가를 채우려 하는 것이다. 어쩌면 잃어버린 자아를 찾기 위해 몸부림치는 게 아닐까. 이것은 정말 중요하게 생각해 보아야 할 문제다. 청소년들이 인기를 갈망하고 다른 아이들과 어울리고 싶어 하다가 진정한 자신의 모습을 잃어 가기 시작할 때 식이장애를 겪는 것은 결코 우연이 아니다.

따라서 식이장애를 이겨 내기 위해서는 자신이 아닌 다른 사람이 되려는 것을 그만두고 진정한 자신을 되찾는 게 중요하다. 그리고 그 과정에서 필요하다면 식이장애 전문가의 도움을 받도록 한다. 비슷한 증상을 겪는 또래 친구들과 함께 치료를 받는 것도 좋은 방법이다. 비슷한 처지의 친구들과 이야기를 나누다 보면 어떤 계기로 식이장애가 생겼는지 이해할 수 있을 것이다. 가끔은 알코올 중독 치료에 쓰이는 프로그램도 유용한 도구가 된다. 하지만 어떤 식으로든 필요한 기술을 익히고 자신의 감정을 직면하고 중독으로 이끈 정신적 고통에서 벗어나려면 다른 누군가의 도움이 필요하다.

신체 변형 장애

그러나 식이장애를 겪는 사람들은 자신에 대한 이미지가 너무나 왜곡되어 있어서 자신의 병든 상태를 인식하지 못하고 도움을 받는 것에 대해서 거부감을 보이곤 한다. 이러한 현실 부정을 "신체 변형 장애(BDD, Body dysmorphic disorder)"라고 부른다. 신체 변형 장애는 자신의 외모가 정상임에도 불구하고 기형이라고 생각해서 외모적인 결함에 지나치게 집착하는 정신 질환으로, 식이장애가 나타나는 경우 사실과는 다르게 자신의 몸이 너무 뚱뚱하다고 생각하기 때문에 먹는 것을 위험한 행위로 보게 된다. 하지만 거식증은 친구가 아니라 적이라는 것을 깨달아야 한다. 어쩌면 여러분을 죽일 수도 있는 치명적인 적이다.

전문가의 도움을 받을 것

거식증이나 폭식증이 의심된다면 부모님이나 선생님과 상의해서 병원에 가 보도록 한다. 여러분의 상태가 병원에 입원할 필요가 없는 안전한 상태인지 아닌지 확인해야 한다. 의사는 심장, 혈액, 소변 검사 등을 통해 여러분의 신체 시스템이 제대로 기능하고 있는지 살필 것이다. 식이장애 치료를 시작하기 전에 몸 상태를 확실히 하기 위해 병원에 입원해야 할 수도 있다.

자신이 나약하고 가치 없는 존재로 느껴질 때 그런 느낌을 깨부수기 위해 도움을 청할 줄 알아야 한다! 도움을 청한다는 것은 여러분이 그만큼 자신을 소중하게 여기는 똑똑한 사람이라는 뜻이다. 하룻밤 사이에 문제가 해결되지는 않는다. 하지만 결국은 극복할 수 있을 것이다!

폭식증이나 거식증과 마찬가지로 강박적 과식증이 있

는 사람도 비슷한 사람들의 모임에 가입하는 게 도움이 된다. HALT가 유용한 도구가 될 수 있을 것이다. 너무 배고프거나(Hungry), 화나거나(Angry), 외롭거나(Lonely), 피곤하지(Tired) 않도록 하는 것 말이다.

'돌직구 성교육'
핵심 포인트

여러분이 필요할 때마다 이 책을 보면서 도움을 받을 수 있었으면 좋겠다. 이 책에서 꼭 기억해 주었으면 하는 몇 가지 중요한 점을 정리해 보았다.

첫째, 우리의 몸은 아직 성장해 가는 중이다. 그 변화를 이해하도록 하자.

둘째, 우리의 몸은 신성하다. 어떤 경우에도 죄책감이나 수치심을 느끼지 않는다. 그리고 두려워하지도 않는다.

셋째, 고등학교 때 성생활을 하는 아이들은 많지 않다. 그

나이에는 성관계를 하지 않는 것이 임신과 감염의 위험을 줄이는 최고의 방법이다.

넷째, 성관계를 시작했다면 상대와 피임에 대해 의논해야 한다. 그리고 할 때마다 피임 기구를 정확하게 사용해야 한다.

다섯째, 친구들이 성생활을 한다고 해서 그것을 따라해서는 안 된다.

여섯째, 육체적으로 흥분시킬 뿐 아니라 믿고 대화할 수 있는 사람과 관계를 맺을 때 그 경험이 더욱 특별해질 것이다.

일곱째, 언제든, 어떤 이유로든, 키스나 애무나 다른 어떤 형태의 성적 접촉에 대해서든 싫을 때는 "싫다"고 말한다.

여덟째, 성폭행이나 성희롱, 성적 학대를 당했더라도 그것은 여러분의 잘못이 아니다. 만약 그런 일을 겪었다면 부모님을 비롯하여 믿을 만한 어른에게 자초지종을 알리도록 한다.

아홉째, 성적인 관계에 대해서 서로의 감정을 물어보고 이야기해 보아야 한다.

열째, 성적인 행위를 진전시키기 전에 서로의 허락을 구하고, 둘 다 동의해야 한다.

열한째, 생식 건강이나 정신 건강에 의문이 생기면 믿을 만한 어른을 찾아가서 의논하도록 한다. 또래 친구들이 하는 이야기나 인터넷에 올라온 정보에만 의존해서는 안 된다.

열두째, 청소년기는 여러분이 한 인간으로서 어떤 사람이고 어떤 사람이 되고 싶은지, 어떤 가치관을 갖고 있는지 생각해 보아야 하는 시기다.

사춘기가 되면 달라지는 몸과 관계에 대해, 그리고 성적인 부분과 책임감에 대해 여러분이 궁금해하는 점들을 이 책이 제대로 풀어 주었기를 바란다.

여러분 모두에게 사랑과 격려를 보낸다. *end.*

도움 주신 분들께 감사하며

이 책을 펴내기까지 많은 분들이 도움을 주셨다. 무엇보다 랜덤하우스의 부사장이자 나의 편집자 케이트 메디나에게 감사한다. 또 한 명의 편집자 린지 슈워리도 나에게 가치를 따질 수 없는 큰 도움을 주었다. 랜덤하우스 아동서적 총책임자 버버리 호로비츠는 이 책을 내는 단계 단계마다 내게 필요한 도움과 충고를 아끼지 않았다.

이 책의 삽화를 그려 준 줄리아 로스먼과 이 책을 읽고 감수해 준 닥터 에일린 코스텔로에게도 감사한다. 나의 정신과 의사로서 이 일을 시작할 수 있도록 내게 힘을 불어넣어 준

닥터 리사 베넷에게 특별히 감사한다.

내가 이 책의 방향을 올바르게 잡았는지 확인하기 위해 여러 명의 십대에게 이 원고를 봐 달라고 부탁했는데, 그들은 처음부터 끝까지 내게 솔직한 피드백을 해 주었다. 아비브 차임 리스, 자흐 킴멜, 에이미 킴멜, 찰리 레비, 엘리 레비, 캐시 스페인, 캐스린 폴리, 냇 울프, 키난 가족, 루크 브라우닝에게 모두 감사하다고 말하고 싶다.

남자아이들에 관한 내용을 쓸 때 큰 도움을 주신 두 분이 있다. 우선 교육학자 겸 사회운동가로서 십대 데이트, 가정폭력, 남자아이들의 성장을 주제로 책을 펴낸 바 있는 폴 키벨에게 감사한다. 그리고 뉴욕 스토니 브룩 대학의 저명한 사회학과 교수 겸 남성연구 분야의 선두주자인 닥터 마이클 킴멜에게 감사한다.

또 내 친구 데브라 W. 하프너 목사는 내가 조언을 구할 때마다 넉넉하게 인정을 베풀어 주었다.

데보라 L. 톨만의 책 《*Dilemmas of Desire: Teenage Girls Talk About Sexuality*》는 여자아이들이 자신의 성적 욕망을 두려워하는 이유를 이해할 수 있도록 도와주었다. 데보라는 헌터 컬리지 실버만 사회복지 대학원의 사회복지 심리학과 교수다. 언론과 그 너머에서 소녀들의 성적 대상화 문제를 해결하기 위해 노력하는 국제 운동조직 SPARK의 공동 창립자이기도 하다.

'청소년의 힘과 잠재력을 키우는 조지아 캠페인'의 훈련 및 프로그램 담당 이사인 킴 놀테에게도 감사한다. 킴은 조지아 주의 여러 십대들이 나의 원고를 읽고 대단히 현실적이면서도 놀라운 피드백을 줄 수 있도록 이끌어 주었다.

펜실베이니아 이스턴 대학 심리학과 부교수인 욜란다 터너는 내가 성 정체성 문제를 다룰 수 있도록 도와주었고, 사랑하는 내 친구이자 작가 겸 배우 겸 트랜스젠더 권리와 문제 대변인이자 사회운동가인 칼퍼니아 애덤스도 마찬가지다.

애틀랜타 에모리 의과대학 청소년 성 건강 제인 폰다 센터 원장 겸 산부인과 조교수인 닥터 멜리사 코트케는 이 책에 관해 모두가 의견을 낼 수 있는 토론회를 여러 번 주최하였고 그 밖에도 많은 도움과 전문 지식을 알려 주었다.

마지막으로 도나 롤링에게 감사한다. 그녀가 어린 아들을 키우면서 '청소년의 힘과 잠재력을 키우는 조지아 캠페인'을 위해 일하고 있었을 때 내게 이 책을 써 보라고 권했기 때문이다.

제인 폰다

십대가 알아야 할 성에 대한 모든 것

사람은 각자 자신만의 방식으로 몸과 성, 건강, 인간관계를 이해하고 받아들인다. 저자인 제인 폰다는 청소년을 비롯하여 젊은이들이 이 주제에 관해 꼭 알아야 한다는 신념을 갖고 20년 넘게 건강과 성과 인간관계에 관해 공부해 왔으며, 십대 청소년은 물론이고 의사, 의료 종사자, 교육자, 방송 프로듀서, 정책 입안자, 종교 지도자, 사회운동가들과 함께 꾸준히 관련된 작업을 해왔다.

　대부분의 사람들은 제인 폰다를 아카데미상 수상 배우, 피트니스 전도사, 사회운동가로 알고 있겠지만, 이제 이 책을 통해 그녀가 청소년 성교육의 안내자 겸 스승이라는 사실도 알게 될 것이다. 이 책에서 그녀는 자신이 큰 의미를 두고 있는 가장 중요한 역할, 즉 사실을 있는 그대로 이야기하고 이로써 청소년들이 잘못된 길로 빠지지 않도록 이끌고 있다.

제인 폰다를 처음 만난 2005년이었다. 처음 그녀를 만났을 때는 조금 위축되지만, 서로 열정을 지니고 있는 일에 대해 이야기하면서 그런 기분은 빠르게 사라졌다. 우리 둘 다 젊은 이들이 안전하고 건강하게 성인으로 성장할 수 있도록 필요한 정보와 도구를 주는 일에 큰 관심을 갖고 있었다. 특히 청소년 성 건강에 대한 그녀의 깊이 있는 지식과 활발한 참여는 내게 깊은 인상을 남겼고, 그 후로 우린 쭉 함께 일하고 있다.

이 책에서 그녀는 사춘기와 집단 괴롭힘을 비롯하여 청소년이 알아야 할 기본 개념은 물론이고 더 진보된 추상적인 개념까지 다양한 주제들에 관해 이야기한다. 신체기관, 호르몬, 월경, 위생, 피임, 성 매개 감염증 같은 신체적인 부분은 물론 부모, 가치관, 우정, 성 정체성, 미디어, 자존감, 동성애, 학대, 식이장애 등 신체적이지 않은 부분까지 다룬다. 따라서 이 책은 모든 청소년에게 쓸모 있고 또 새로운 의문이 생길 때마다 참고할 수 있는 소중한 자료가 될 것이다.

그녀는 언제 어디서나 그렇듯 이 책에서도 두려움 없이 솔직하다. 행복, 커뮤니케이션, 정직의 가치를 적극적으로 지지하고 남녀 모두에게 도움이 될 수 있는 책을 쓰기 위해 남자와 여자가 서로 어떻게 이해해야 하는지 설명한다. 임신과 성매개 감염증 예방을 위해 개인의 책임에 대한 기대치를 높게 책정하고 또한 성에 대한 건강하고 긍정적인 관점과 자아를 이해하는 데 도움이 될 수 있는 기본 원칙을 제시한다. "자기 자신과의 관계가 좋으면 남들과 좋은 관계를 맺는 것이 더 쉬워진다"는 그녀의 현명한 조언은 우리가 꽤나 오랜 시간에 걸쳐 배우게 되는 진실이다.

무엇보다 그녀는 청소년들이 스스로의 변화를 이해하는 게 중요하다고 강조한다. 자신을 보호하고 사랑하는 방법에 대한 깊은 이해와 '아는 것이 힘'이라는 믿음으로, 이 중요한 일을 확장해 가고 있는 그녀의 꼼꼼하고 솔직한 이 책이 청소년들과 부모 모두에게 없어서는 안 될 필수 도구가 될 거라 믿는다.

멜리사 코트케(의학박사, 공중보건학·경영학 석사)

나와 타인을 이해하는 과정

"나는 인간의 모든 근원과 존재 자체를 상징하는 문이야. 나는 인간의 사랑을 확인해 주는 성스러운 장소이고, 그 사랑의 정점인 육체적 환희를 선물해 주는 열쇠야. 나는 아홉 달 동안 아기를 지켜 주는 든든한 파수꾼이며, 그 커다란 아기가 세상에 나올 수 있도록 내 모든 것을 희생해."

극작가 이브 엔슬러의 작품 『버자이너 모놀로그』에 나오는 대사다. 오랜 세월 금기시되고 억압당했던 여성의 성과 성기에 대해 거침없이 이야기함으로써 센세이션을 불러일으켰던 연극이다. 여성의 성과 성기를 소재로, 여성의 몸에 대해 새로운 시각으로 접근하려 했다는 점에서 큰 의미가 있다고들 이야기한다. 하지만 우리 몸에 대해 제대로 알고 좀 더 솔직해져야 하는 주체가 비단 여자들만은 아닐 것이다. 남자들 역시자신의 몸과 여성의 몸에 대한 기본 지식을 바탕으로 올바른성 인식을 갖출 수 있어야 한다.

요즘 우리 사회의 성문화는 상당히 왜곡되어 있다. 어렸을 때 너무 일찌감치 이른바 '야동'이라 불리는 음란물을 통해 성행위라는 것을 처음 접하게 되는 경향이 있고, 성에 대한 정보도 주로 인터넷을 통해 받아들인다. 꾸밈과 거짓으로가득한 성 영상물들을 보면서, 그것이 사실은 현실과 매우 큰차이가 있음에도 그게 현실이고 실제인 양 착각한다.

음란물은 특히 청소년들에게 아주 위험한 영향력을 미친다. 청소년기에 습득한 잘못된 성 표현과 잘못된 지식이 무시무시한 파장을 일으킬 수 있다. 성 가치관이 왜곡되고, 잘못된연애관을 갖게 될 가능성이 크다. 남성 위주의 야동을 보고나서 여성을 성적인 도구로 여겨도 되겠다고 생각할 수도 있다. 뿐만 아니라 요즘 청소년들의 성에 대한 태도는 꽤나 개방적인 데 비해 피임이나 임신, 낙태, 출산, 성병 등에 대해서는 거의 무방비 상태로 방치되어 있다. 강간이나 성추행 같은성범죄가 증가하는 것도 성에 대해 부정적인 사회 환경과 퇴

폐 문화 탓이 클 것이다.

인간의 발달 단계상 신체적으로 무엇이든 할 준비가 갖춰진 몸을 지닌 상태로 성적 호기심과 이성에 대한 관심이 왕성해지는 시기가 바로 청소년기다. 청소년들의 성적인 관심과 욕구가 왕성해지는 것은 발달 과정에서 아주 자연스러운 일이다. 하지만 건강한 성행위라는 게 무엇인지에 대해 우선 확실하게 알아야 한다. 타인을 강요하지 않고, 상대에게 정신적 신체적인 피해를 입히지 않으면서, 자신의 심리적 감정적 성적인 욕구를 표현할 수 있는 것, 그것이 건강한 성행위다. 청소년기의 성관계는 자아 형성에 영향을 미치고 부모와 친구들과의 관계도 변화시킨다. 청소년기에 형성된 건강한 성 의식이 평생 올바른 성 의식과 건강한 성 행동을 유도하는 발판이 될 수 있는 것이다.

이러한 이유로 청소년들에 대한 성교육은 매우 중요하다. 청소년 성교육은 자기 몸에 대한 이해를 넘어, 다른 사람을 이해하고 존중하는 법을 가르치는 과정이 되어야 한다. 인간은 누구나 평등하고 타인을 존중해야 한다는 개념을 바탕으로, 이 세상에서 다른 사람과 어떻게 살아가야 하는지, 성적인 행동에 따르는 위험과 책임과 결과가 어떤 것인지 알려 주는 과정이 되어야 한다. 우리 누구든 자신과 자신의 몸을 아끼고 사랑할 수 있어야 한다. 성행위라는 것이 사랑의 표현이자 책임이 수반되는 행동임을 인식해야 한다. 성행위가 자연스러운 것이긴 하되 두 사람 간에 나누는 감정과 교감을 기반으로 해야 한다는 점을 알아야 한다.

자신과 자신의 몸이 얼마나 소중한지 알고 그것에 대해 자연스럽게 말할 수 있을 때, 우리는 더 건강하고 지혜로워질 수 있을 것이다. 더 솔직하고 자유로워질 수 있을 것이다. 청소년기에 건강한 성 의식을 계발하는 것은 청소년 자신뿐 아니라 그의 가족과 그가 속한 사회를 위해서도 매우 중요한 일이다. 그리고 그 목표를 위해 우리가 읽고 있는 이런 책이 필요한 것이다.

이 책은 청소년들의 심리적 변화, 신체적 변화, 그리고 스스로에 대해 기본적으로 알아야 할 지식들을 조목조목 이야기한다. 깊이 들어가지는 않지만 어른이 돼서도 모르는 사람들이 있을 법한 여러 가지를 설명해 준다. 청소년들이 이런 기본 지식을 알아야 하는 이유는, 그들이 아무것도 모른 채 인생의 나락 혹은 고통 속으로 빠져드는 일이 없어야 하기 때문이다. 자신이 어떤 길을 가고 있는지 분명히 알면서 걸어가는 것과 순간의 감정이나 충동에 휩쓸려 엉겁결에 끌려가는 것은 엄청나게 다르다. 사랑해서 관계를 맺고 그 관계에 책임질 마음가짐을 갖고 있다면 누가 뭐라 할 수 없는 일이지만, 호기심이나 순간적인 충동으로, 게다가 피임의 중요성에 대해 전혀 모르는 채로 성관계를 시작했다가는 평생에 남을 후회나 아픔이 생길 수 있다. 순간의 잘못된 결정 하나로 평생이 뒤바뀔 수 있는 것이다. 그러니 자신의 몸을 소중히 여기고, 자신의 인생도 부디 소중하게 여겨 주기를 바란다.

이 책이 미국의 현실을 바탕으로 이야기한 것이라서 우리나라의 성문화보다 다소 개방적이라고 느껴질 수도 있을 것이다. 하지만 자기 자신을 알고, 타인을 알고, 스스로에 대해 생각할 수 있는 계기가 된다면, 그것으로 충분히 의미 있는 선택이 될 수 있으리라 믿는다.

나선숙

십대를 위한 교과서 밖의 성 이야기

돌직구
성교육

초판 1쇄 발행 2016년 11월 1일
초판 7쇄 발행 2022년 11월 10일

지은이 제인 폰다
옮긴이 나선숙
감수 아하!서울시립청소년성문화센터
펴낸이 정용수

편집장 김민정 편집 조혜린
디자인 서은영
영업·마케팅 김상연 정경민
제작 김동명 관리 윤지연

펴낸곳 ㈜예문아카이브
출판등록 2016년 8월 8일 제2016-000240호
주소 서울시 마포구 동교로18길 10 2층(서교동 465-4)
문의전화 02-2038-3372 주문전화 031-955-0550 팩스 031-955-0660
이메일 archive.rights@gmail.com 홈페이지 yeamoonsa.com
인스타그램 yeamoon.arv

한국어판 ⓒ 예문아카이브, 2016
ISBN 979-11-87749-01-1 43370